酷道大百科

激狭、断崖、未舗装…愛おしい「国道」全53本

TEAM酷道「よごれん」
鹿取茂雄
編著

※ 酷道とは……
「国」という文字を戴くイメージからほど遠い、
通行困難どころか通れないこともある「国道」に、
万感の思いを込めて捧げる呼び方。

実業之日本社

横綱・国道157号。

酷

425
ROUTE
十津川村
Totsukawa V
小坪瀬
国道
25
ROUTE
亀山市加太
北在家
この先法面崩壊あり
通行注意
国道
471
ROUTE
472
ROUTE

490
萩市笹目
401
418
これぞ酷道。

激甘も突き落としも。

いろいろな表情を見せ

国道
193
ROUTE
海陽町
皆ノ瀬
剣山
Tsurugisan
徳島
Tokushima
山川
Yamakawa
佐那河内
Sanagochi
193
438
止まれ
438
馬崎商店
TEL.677-0053
ご進物用品
酒

人が使うから酷道はある。

439

とにかく曲がれ。

恵那
Ena
通行止
篠原
Suzuhara
START

はじめに

国道と聞いて、どんな道を想像するだろうか。

おそらく多くの人は、複数の車線があり快適で走りやすい道路や、交通量が多く渋滞している道路を想像するのではないだろうか。

国道は日本の道路網の中でも最上位に君臨する道路であり、重要な路線が指定される。

そのため、国が威信をかけて整備してきた。

建設後は都道府県が管理を担っているケースも多いが、最終的には国が責任をもって運用している。


そんな国道の表の顔とは別に、裏の顔も存在する。

国道であるにも関わらず、道幅が狭くて対向車とすれ違えなかったり、落石や木の枝がたくさん落ちていたり、昼間は自動車の通行が禁止されている路線も存在する。

さらには、走行するだけで生命の危険を感じるような断崖をゆく国道まである。

こうした〝国道であるにも関わらず状態が酷い道〟のことを、私は親しみを込めて〝酷道〟と呼んでいる。

一般的な国道のイメージとの大きな隔たりもまた、酷道を楽しむ大きな要素となる。

いわばギャップ萌えの一種だろう。

当たり前のことだが、道路は安全・快適で走りやすいほうがいい。
しかし、対向車とすれ違うのにも苦労するような酷道では、思いがけず絶景が見えたり、人々の生活を身近に感じることができる。
より早く快適に目的地に向かう道だけではなく、のんびりと景色を楽しみながら走る道にも、それぞれのよさがある。

国道は全国に459路線があり、現時点ではこれ以上増える見込みはない。

酷道と呼ばれる路線も年々立派な道路に整備され、姿を消している。

体感としては、ここ20年ほどで半減した。

いずれ消滅する運命にある酷道を、今楽しまなくていつ楽しむというのだろうか。

今からでも遅くない。

でも、始めるのなら少しでも早いほうがいい。


但し、実際に酷道へ出かける際には困難や危険も伴う。

無事に家に帰るまでが探索だ。

現地では安全を第一とし、譲り合いの精神をもって慎重に行動してほしい。

合理的に造られた道路では感じることができない酷道の魅力。

合理的ではないからこその面白さや楽しさ、温かさを、本書から少しでも感じ取っていただければ幸いだ。

酷道大百科

激狭、断崖、未舗装…
愛おしい「国道」全53本

表紙…国道 360 号旧道

本書をお読みになる前に

●運転には十分にお気をつけください

実際に転落事故が起きている道や、対向車とのすれ違いが不可能な道もあります。運転を誤れば命に関わります。本書掲載の道を走って万が一のことが生じても、本書は一切責任を負えません。

●道路管理者の指示に従ってください

気象による規制値が厳しい道も多いです。通行止め等には従い、いったん引き上げた後、ぜひ再訪してください。

●初めての方は……

十分な食糧・飲料を持ち、運転やクルマ・バイクの知識に秀でた方と複数台で行くようにしてください。

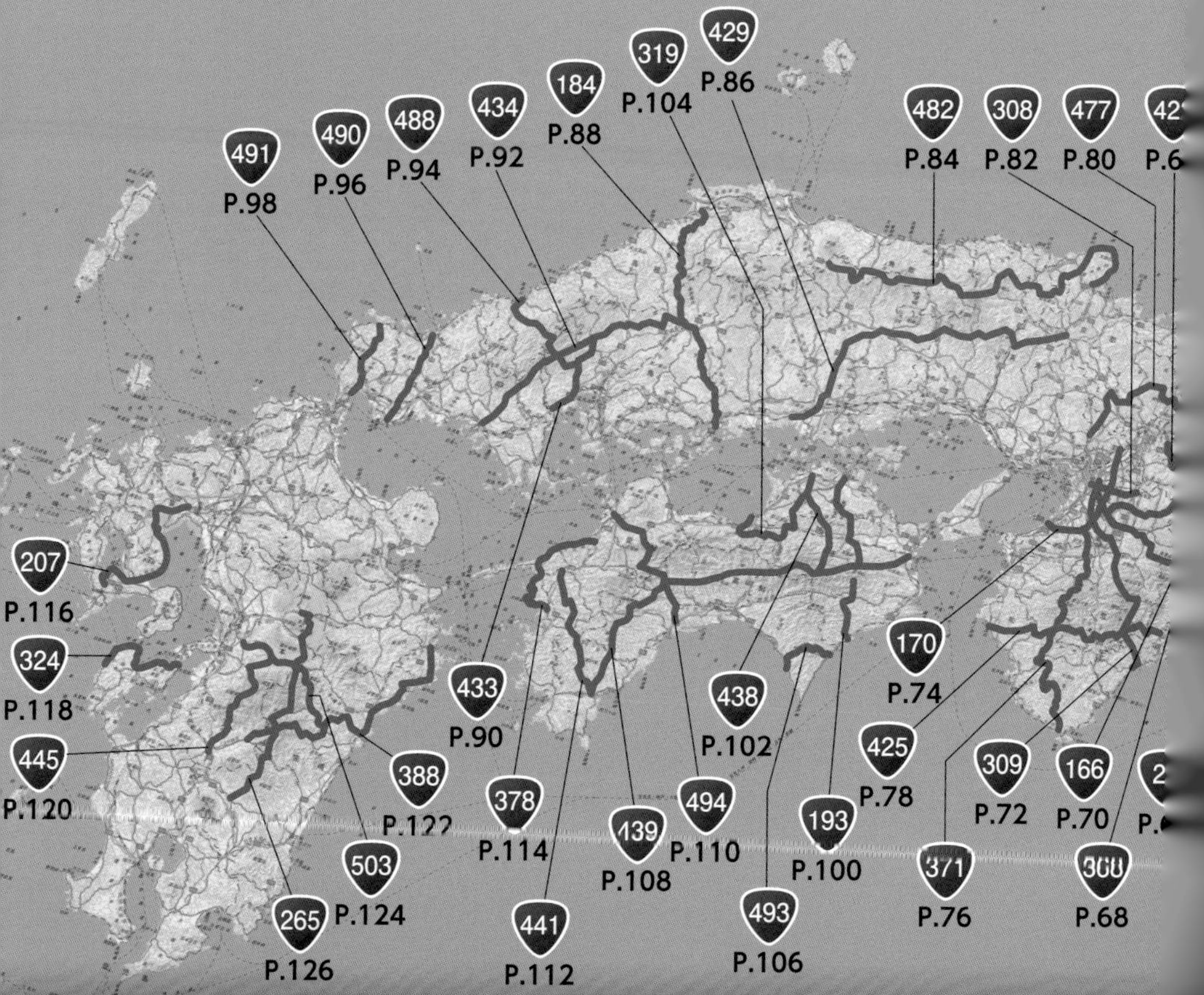

491 P.98
490 P.96
488 P.94
434 P.92
184 P.88
319 P.104
429 P.86
482 P.84
308 P.82
477 P.80
207 P.116
324 P.118
445 P.120
388 P.122
503 P.124
265 P.126
433 P.90
378 P.114
441 P.112
439 P.108
494 P.110
438 P.102
193 P.100
493 P.106
170 P.74
425 P.78
371 P.76
309 P.72
166 P.70
P.68

酷道を①走ってみた

酷道
256
ROUTE

岐阜県の酷道区間。この先には、もっと酷い道が待っている。

南信の点線酷道に挑む

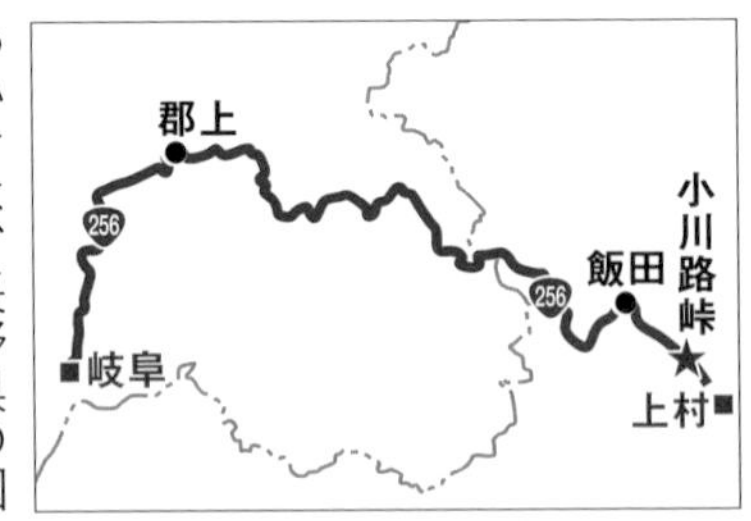

きっかけは、長野県の国道152号をドライブしていた時のこと。もう日が暮れてきたので帰ろうと、スマホの地図アプリを眺めていた。飯田市上村（かみむら）から国道256号で飯田市街に抜ければ高速に乗れる。152号から県道251号に入り、256号に左折しようと思ったが、道がない！ おかしいと思って地図を拡大してみると、県道と256号は僅かに繋がっていなかっ

獣害防止用のゲート。国道本線上にこれがあるとは……

倒木は必要最小限の処理が施されていた。ギリギリ走れる。

た。

後日調べてみると、256号は飯田市街から152号までの間に12キロもの分断区間があり、登山道になっていることが分かった。もしも道が繋がっていたとしても、通り抜けることなどできなかった。

1週間後には再び飯田を目指していた。岐阜市街をスタートし、下呂市まで快走路が続く。白川町から東白川村にかけて酷道もあるが、距離は短い。飯田市街で食料を買い込み、いざ分断区間に挑む。

三遠南信自動車道を過ぎると、センターラインが消えた。山に入っていくと、一段と険しさを増す。道幅、そして路面状況。これだけでも十分な酷道だ。

路面が酷くガレてきた。普通乗用車の限界は近いだろう。

伐採された植林地をゆく。これ以上、車両では進めない。

もはや国道には見えないが、これでも国道だ。

目の前に、酷道マニアの宿敵・ゲートが現れた。しかし、これは獣害防止用のもので、ゲートを自ら開閉する。ゲートの先は未舗装路になっていて、徐々に路面の凹凸が激しくなってきた。限界地点にクルマを停め、頂上の小川路峠を目指して歩く。

道はすぐに登山道の様相を呈する。道幅は、狭い所で50センチを切っている。最も狭い箇所では靴の幅しかなく、ここが国道と言われても信じられないだろう。

このルートは秋葉街道を踏襲しており、一定の間隔で観音様が鎮座している。今向かっている小川路峠は標高1642メートルあり、秋葉街道でも一番の難所だった。

延々と急な上り勾配が連

鎖やロープに掴まりながら、山を登ってゆく。完全に登山道だ。

徒歩での探索をスタート。もはや国道の面影はどこにもない。

ひっそりとした小川路峠には、鳥居と三十三番観音がある。

小川路峠からの飯田市街方面の眺め。歩いてきた甲斐があった。

ダート路面を上がり、点線区間へ

続し、体力を奪われる。足を踏み外すと危険な箇所も多く、気の抜けない道が続く。休み休み歩いていても汗が噴き出してきて、次第に休憩の間隔が短くなった。

　歩き始めて2時間半、ようやく小川路峠に到着した。飯田方面の眺望がすばらしい。小川路峠は分断区間のほぼ中央に位置するため、この先にも同じ距離が待っている。

　分断区間を抜けると、県道251号の舗装路に出る。ここから国道152号に至るまでのルートは、地図によって表記が異なっているなど非常に複雑で面白いので、興味のある方は調べてみてほしい。

　トラップとサスペンスが仕組まれた、魅力に満ちた酷道だった。

あらゆるものがピカピカの酷道。
こんな酷道見たことない。

2018年、新規開通！いざ、最新の酷道へ！

一般の人や道路管理者にとって、酷道は悪である。道路整備を進めることで、解消していかなければならない。そう考えると、酷道はいずれ日本から消えてなくなる運命にあるのだろう。

そんな酷道の宿命を打ち破るような出来事が、２０１８年９月に発生した。なんと、酷道が新たに誕生したのだ。開通したのは、国道４１６号の福井・石川県境６・３キロ区間。１・５車線で計画され、供用開始日の９月９日当日、雨量規制で通行止めとなり、開通が２日間延期された。酷道ルーキー誕生という嬉しいニュースを聞きつけ、早速走ってきた。

国道は、福井県勝山市街で北に向きを変える。同市の野向（のむき）町横倉から先が、い

つづら折りで標高を稼いでいるのがよく分かる。

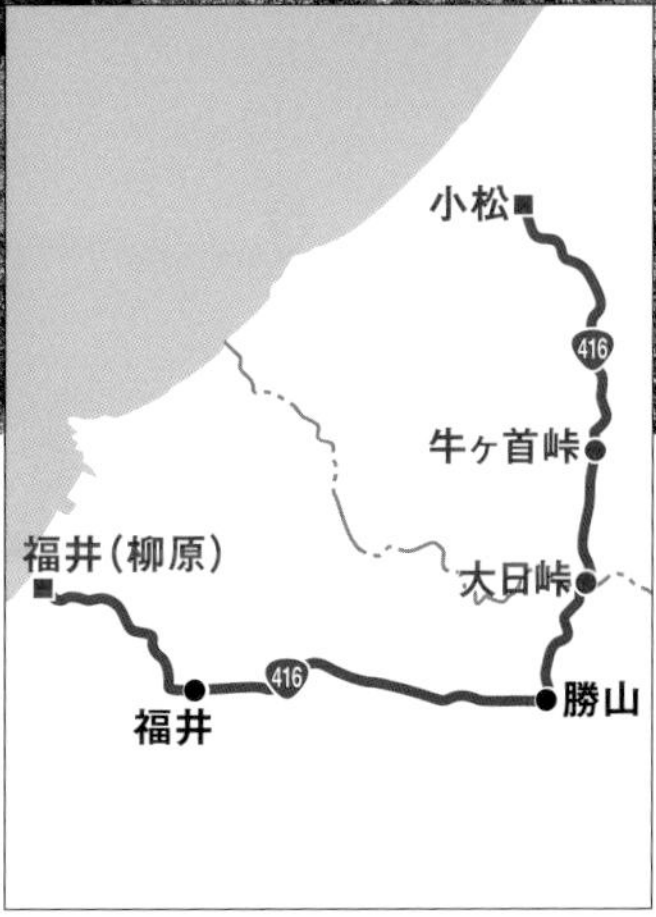

頂上の大日峠。クルマは来ないが、自転車がひっきりなしに来る。

よいよ新規開通区間だ。センターラインはないが、舗装もガードレールも道路標識もカーブミラーも側溝の蓋も、何もかもが真新しい。これが県道や林道であれば何の違和感もないが、国道なのだから驚きを隠せない。

　最新技術を駆使して造られた酷道は、非常に走りやすい。カーブは綺麗な曲線を描き、内側は空き地にな

石川県に入ると、ピカピカの駒止が設置されていた。

駒止が新設された国道

道路に若干補修された形跡もあるが、普通車で道幅に余裕はない。

っていて見通しが確保されている。普通車同士であればすれ違えるほどの道幅があるが、随所に待避所も設けられている。

　美しい道路に見とれていると、石川県との県境である大日峠に到着した。峠の手前に駐車場があり、クルマが何台か停まっている。どうやら、ここから自転車で峠を走るのが流行っているらしい。クルマよりも多くの自転車とすれ違ったのは、そのためだ。

　県境を越え、峠を下り始める。福井県では谷側にガードレールが設置されていたのに対し、石川県では駒止が設置されていた。真新しいコンクリートの駒止が

従来からある酷道区間だけでも、十分楽しめるレベルだ。

新設区間が終わると、従来からの酷道区間に突入する。

延々と続く酷道区間。交通量が多く、対向車が続々とやって来る。

いかにも酷道らしい五百峠隧道を抜けると、ゴールは近い。

設置された国道の風景は、とても新鮮だ。

峠から2キロほどで新しい舗装は終わり、従来の路線になった。しかし、この先には牛ヶ首峠も控えている。小松市街まで、昔ながらの酷道区間が存在していた。これがまた、酷い。左側は川だが、ガードレールなどもちろんない。対向車が続々とやって来るのは、大日峠が開通した効果だろうか。ちょうど酷道を抜けたあたりに尾小屋鉱山資料館があるので、立ち寄ってみるのもいいだろう。

福井県勝山市と石川県小松市の間を走破すれば、昔ながらの激しい酷道と、最新の技術を駆使した走りやすい酷道の両方を楽しめる。酷道マニア期待の星が、ここに誕生した。

階段に国道標識というミスマッチ感がたまらない。

国道339号〈階段国道 青森県〉

有名になりすぎてしまったが、外せない酷道

国道なのだから、最低でもクルマで通れるだろう。そんな常識を打ち破るのが国道339号、通称「階段国道」だ。その名の通り階段になっているため、クルマはおろか二輪車さえも通行できない。

国道339号は、青森県弘前市から津軽半島を北上する一般国道で、階段国道は龍飛崎の近くに位置する。龍飛崎灯台と龍飛漁港の間が急峻な崖になっており、ここを362段の階段で結んでいる。

灯台の近くには駐車場が整備されているので、ここから階段を下ってみる。フラットな石造りの階段で、立派な手すりも用意されていて、歩きやすい。ここが国道であることを除けば、どこの観光地にでもある普通の階段だ。

徐々に高度を下げていくと視界が広がり、龍飛漁港が見渡せる。景色がとても素晴らしい。階段を下りきると、民家の軒先を通るが、近年発生した火災で多くが焼失してしまい、2018年夏の訪問時には空き地が広がっていた。

路地を抜けると2車線の大きな道路に突き当たる。この2車線の道も、今通ってきた路地も、同じ

階段の最下部。手前の2車線道路も、右端に写っている観光案内板脇の路地も、同じ国道339号だ。この幅1mほどの通路も、れっきとした国道だ。民家は火災で焼失してしまった。

この近くに駐車場があり、階段を下る。8月に訪れると、紫陽花が綺麗に咲いていた。高台になるため、眺望も素晴らしい。

階段国道前後の車道には、旧道の痕跡も残っていて、探索してみると楽しい。

津軽半島を縦断する国道339号は、ドライブやツーリングに、とても気持ちのよさそうな路線だった。

国道339号なのだから、不思議なものだ。

階段国道の区間は、距離にして約388メートルしかない。それに、この区間を迂回する車道も存在する。それなのに、なぜ階段を国道のままにしているのか。それは、階段国道が観光名所になっているからだ。ある意味、人為的に残されている酷道ではあるが、一般の観光客が酷道の魅力に気づくきっかけになれば、素敵なことだ。

酷道
341
ROUTE

国道本線が左折する上に止まれ。冷遇ぶりが酷い。

国道341号〈雄和高尾山周辺 秋田県〉

たくさんの表情を持つ秋田の山越え酷道

大型車両通行不能区間の直前でバスと対向。運がよかった。

由利本荘市の生活道路区間でも大型バスと対向。バスが多い……

東北で酷道を探していると、意外と少ないことに気づく。かつて酷道だった道も近年整備され、立派なバイパスになっていた。秋田県も同様で、数少ない酷道を求めて由利本荘市までやって来た。

国道7号から脇道の国道341号へ入ると、それほど酷くない地味な道がしばらく続く。郊外から山に入ると、ついに酷道が本領を発揮してくる。

快走路の後には、とっておきの酷道が待っている。納車から1カ月も経っていない新車で、草をかき分けながら走行する。

バックしなければ対向車と離合できない道幅で、路面には無数の石ころ。これでこそ酷道というものだ。道はさらに険しさを増し、路肩から草が激しく攻め込んできた。車の両サイドからガサガサという音が聞こえてくる。

峠である雄和（ゆうわ）高尾山に差しかかると、国道本線ではなく別ルートでの下山を促されるが、無視して酷道を突き進む。路面に落ち葉が堆積し、とても現役の国道とは思えない。それだけに、国道標識が存在感を放っている。

峠を下ると2車線の高規格道路となる。酷道区間はこれでほぼ終了となるが、せっかくなので国道を全線走ってみよう。しばらく走っていると、大きなダムが見えてきた。気になった場所には全部立ち寄るのが私の旅のスタイル。夕暮れ時の空が湖面に反射し、疲れた体に最高のご褒美となった。

ダート国道は、絶滅危惧種の貴重な酷道だ。

酷道
458
ROUTE

国道458号〈十部一峠以北〉山形県

国内唯一だった、本線がダートの酷道

国道458号の山形県寒河江(さがえ)市から大蔵村肘折(ひじおり)の間には、未舗装区間が存在した。今から数十年前であれば、未舗装の国道は珍しくなかった。しかし、高度に文明が発達し、インフラの整備が行き届いた現代の日本において、道路の最高峰といえる国道に未舗装区間が存在していたというのは、驚きを禁じ得ない。

未舗装国道は、全国を見渡しても片手で数えるほどしかない。バイパスが存在せず、自動車で走行可能な現道で本格ダートが存在するのは、458号が唯一だった。

国道の終点である山形県上山市から458号をトレースしながら北上し、ダート区間を目指す。しかし、スタートして間もなく、山辺町市街地で早くも国道を見失ってしまう。国道本線が右左折を繰り返し、それを示す標識が設置されていない交差点もあった。何度も同じ場所を行ったり来たりしながら、衛星地図とカーナビを見比べて、国道をトレースした。これはこれで、なかなかの酷道だ。

新庄
458
肘折温泉
十部一峠
寒河江
山辺
458

ようやく市街地を離れ、十部一(じゅうぶいち)峠が近づいてきた。1車線しかな

フラットに整えられたダート。まるで舗装工事の準備段階のようだ。

本格ダート国道をゆく。これが近年まで日本に存在していたのは、ある意味奇跡といえる。

山辺から大江にかけても、道幅の激狭い酷道区間が存在する。

峠の手前で急激に道幅が狭くなる。間違えて来てしまった車両はここで引き返さないと後悔することになる。

ダート区間よりも激しいんじゃないかというぐらい、舗装路の凹凸が酷い。

山辺町では本線が右左折を繰り返し、正確にトレースするのは困難だ。

いが、きちんと舗装されている。峠を越えてしばらく走っていると、ついに念願のダート区間に突入した。国道だけあって凹凸は少なく、比較的走りやすい。

残念ながら、この区間の舗装が2021年度に完了し、ダート国道は失われてしまった。その後も各種工事が行われている関係で通行止めが続いている。供用が開始されれば、ダート国道の最後を見届けに行きたい。

冬期閉鎖区間（閉鎖前）

福島県いわき市内にある峠。現在、トンネル工事が進行中だ。

国道399号〈鳩峰峠 福島・山形県境〉

帰宅困難区域を抜け、県境の酷道区間へ

東北を代表する酷道、399号。道の状態もさることながら、距離が長い。福島県いわき市から山形県南陽市まで、全線を走破するには非常に骨が折れる。

いわき市をスタートし、市街地を抜けると早速、峠越えとなる。その後、しばらくは2車線の快走路となるが、国道288号との重複区間が終わると、別の意味で過酷な状況が待ち受けている。

2011年の福島第一原発事故に伴い、国道399号の一部が帰宅困難区域に指定され、立ち入りできなくなっている。2018年8月、399号の一部に特別通過交通制度が適用され、自動車に限り通過できるようになった。今回、制度適用直後に訪れた。

帰宅困難区域に入るや風景は一変する。被災した建物は震災発生当時のまま放置され、植物だけが生い茂っている。

特別通過交通制度が適用されている区間以外は立ち入りできないため、迂回を余儀なくされる。大きく回り込み、反対側の立入禁止ゲートを見てから折り返した。

しばらくは市街地を走り、福島・

南陽
鳩峰峠
399
伊達
猪苗代湖
399
いわき

鳩峰峠に至る道のり。通行車両はまばらで、落石の痕跡も生々しい。

鳩峰峠の見晴らしはよく、山形県だけではなく福島県側も見渡せる。

通行制限区間

国道114号との分岐より先は制度の適用外で、立入禁止となっている。

帰宅困難区域の入り口には係員が常駐していた。2018年8月に特別通過交通制度が適用され、自動車のみ通過できるようになった。

回り込んで飯舘村側のゲート。通行証がなければ入れない。

ゲートから立入禁止区間を望む。道の両サイドから植物が侵食している。

制度適用区間内では、全ての分岐路が封鎖されていた。

福島県側から山形県に向かうと、少しだけ宮城県に入り、また福島県に戻る。

山形の県境、鳩峰峠（はとみね）が近づいてくると、再び酷道と化した。この区間こそが、399号を酷道と言わしめている理由だ。対向車との離合はおろか、普通に走っていても危ないような道が延々と続く。鳩峰峠からの眺望が、唯一のご褒美だ。訪れる際は消耗戦を覚悟する必要がある。

住宅に挟まれた酷道。白線が真っすぐじゃないのもポイントが高い。

国道459号〈宮古地区〉福島県

そばの里を抜ける酷道は改良中

国道４５９号は、新潟市から福島県浪江町まで、本州を横断している。そのなかで酷道と呼べるのは、福島県西会津町から喜多方市にかけての区間だ。

新潟を出発すると、国道49号との併設区間が長く続く。阿賀町でようやく国道４５９号の単独区間に入った。阿賀野川に沿って走るが、道の状態はよい。

ピカピカのスノーシェッドを抜けて福島県に入った途端、道路の状態が劇的に変化した。センターラインが消え、道幅が狭い。新潟県内はピカピカの舗装路だったのに、福島県の舗装は古びてツギハギだらけだ。

国道といっても、全て国が管理しているのではなく、実は都道府県が管理している国道のほうが多い。そのため、県境を越えると道路の状態が変わることは、よくあることだ。酷道に入る瞬間は、いつだってワクワクする。

阿賀野川から離れて山に入ると、道幅が少し広くなる。しかし、集落へ差しかかると再び幅員が減少した。住宅や商店に挟まれた細い道に、国道の威厳は感じられない。

新潟
阿賀
喜多方
459
浪江

やや道幅が広くなった地点に立っていることが多い国道標識。

新潟県と福島県の県境付近。ここを境に、国道の状態は一変する。

この国道には山間部の狭隘路と人の暮らしが感じられる狭隘路が存在しており、多様な楽しみ方を提供してくれる。

改良工事中…

対向車とのすれ違いが不可能な区間が続き、この酷道最大の見せ場といってもいいだろう。短い距離を走るだけで、王道系酷道と市街地型酷道の両方を楽しめるのだから、ちょっと得した気持ちになる。

西会津町から喜多方市に入り、道の状態は一時的に良くなる。市街地を抜けて山間部に差しかかると、再び酷道区間がやってくる。ただし、こちらの酷道区間は道路改良工事の真っただ中で、近い将来、失われてしまうだろう。

酷道に限った話ではないが、行きたいと思った場所は、いつまでもそこにない。行きたいと思った時が、行くべき時だ。そんなことを改めて実感したのだった。

驚くべきことに路線バスが走っており、何ともいえないタイミングで対向してきた。

国道標識の状態が、この国道の過酷さを物語っているようだ。

酷道
352
ROUTE

国道352号〈枝折峠 新潟県〉

かつて多数の通行規制があった山深い酷道

新潟と福島の県境に位置する奥只見湖。奥只見ダムによってできた人造湖で、秋には紅葉が美しく「ダム湖100選」にも選ばれている。非常に入り組んだ形をしている奥只見湖の西側に、ベッタリと沿うように走っているのが、国道352号だ。

新潟県側から奥只見湖方向に向かうと、最初に枝折（しおり）峠が待ち構えている。急カーブが連続する狭隘路で、対向車が来たら途方に暮れるしかない。かつては午前は福島方向、午後は新潟方向と時間帯一方通行規制が敷かれていた。

また、この区間には、並行する「奥只見シルバーライン」があり、山を長大トンネルでぶち抜き、どこまでもまっすぐな道が続いている。新潟県から奥只見湖へアクセスするなら、シルバーラインを使うのが通常だ。

枝折峠を越えて銀山平を過ぎると、再び道幅が狭くなった。そして、ついに奥只見湖が見えた。ここからしばらくは、湖畔に沿って走ることになる。

ここで特筆すべきは、洗い越しの存在だろう。右の斜面から流れ

奥只見湖周辺は豪雪地帯で、冬には積雪で道幅がさらに狭くなり、酷道レベルも上昇する。雪景色の奥只見湖は絶景。ただし、待避所が雪で消滅しているため、注意が必要だ。

枝折峠から銀山平へのダウンヒル。急勾配とヘアピンが連続する。枝折峠に向かう道もなかなかの酷道で、眺望も素晴らしい。

新潟と福島の県境まで来ると、酷道区間は一段落となる。

国道から眺める奥只見湖。こうした景色も酷道の魅力だ。

枝折峠は早朝から登山者のクルマであふれ、賑わっていた。

洗い越しがある国道は極めて稀。

出た水が路上を横切り、左の奥只見湖へ注がれる。路上を流れる川・洗い越しが国道上に設置されているのは、全国を見ても極めて珍しい。しかも、そんな洗い越しがたくさんあるのだ。

奥只見湖を過ぎて山間部に入るが、道の状態に大きな変化はない。尾瀬が近づくとハイカーと思しきクルマが増え、道の状態も若干よくなった。これで難所は越えた。この先は、なだらかな道が続く。

この穴が国道とは、にわかには信じられまい。

国道410号〈四町作第一隧道〉千葉県

驚異！ 洞穴に吸い込まれる国道!?

南房総は東京からほど近く、夏は海水浴、冬は花摘みが楽しめる穏やかな観光地だ……そんな風に思っている同行者を驚かせたいお茶目なドライバーは、国道４１０号を正確にトレースしてみてほしい。和やかなドライブは一転、驚きと笑いに包まれるだろう。

千葉県南部、太平洋に突き出た房総半島の内陸部を縦断する国道４１０号は、南房総を目指すクルマがよく使う抜け道ルートだ。木更津市からＪＲ久留里線に沿って南下していくと、上総松丘駅の先で3本続けて短いトンネルをくぐる。お茶目なドライバーはここでブレーキ！　すぐ先にある横断歩道を鋭角に左折するのだ。突如として不穏な雰囲気になった国道をドキドキしながら進むと……何だこれは！　暗がりにポッカリと口を開けた穴に道が吸い込まれていくではないか！

トンネルというより、穴。坑門も扁額もない、ただの穴。この穴の名は四町作（よまちさく）第一隧道という。明治35年に開通した、日本で二番目に古い現役の国道トンネルだ。掘りやすく崩れにくい地質に恵まれ

木更津
410
久留里
四町作第一隧道
館山
410

上総松丘駅北側の分岐から商店前までの区間は近年国道に追加されたようだ（※）。

県道145号との交差点。南へ行くと他に誰もいないバイパスの孤立区間を楽しめる。

久留里駅付近より北はバイパスが整備され、快走路になっている。

集落の中を行く狭隘区間は3km強。酷道入門者も気軽に訪れることができる。

この区間を迂回するバイパス事業が残り3.5kmまで進んでいる。酷道でなくなる前に訪れておきたい。

酷道区間のランドマークとなる商店。案内されていないが南（写真奥）も410号で、1.5kmほど先に隧道がある。

房総半島の南端で心地よい潮風を浴びる。

旧千倉町は昔ながらの漁師町。郷土料理「さんが焼き」は筆者の好物。

隧道の西側で現道と久留里線を一跨ぎにする。橋ではなく自然地形の尾根である。

た房総丘陵には、江戸時代から地元民の手で多くの隧道が造られてきた。そんな素掘り隧道の生き残りが今も国道を通している、全国的にもレアな光景に刮目されたい。

この隧道から3キロほど続く集落内の道が410号に残された唯一の酷道区間だ。君津市と鴨川市の境にある君鴨トンネルの旧道を現役国道のように描いている地図もあるが、ここは廃道だから入ってはいけない。……入ってはいけない。

なだらかな房総丘陵をひた走れば、南房総市でついに太平洋に出会う。晴れやかな海岸ドライブを堪能したら、驚かせてしまった同行者に海の幸をご馳走しよう。

（※）上総松丘駅の北で国道410号は駅の東側に行く道と西側に行く道（写真）の2本に別れる。右ページのトンネルがあるのは駅の東側だが、いまの道路地図で国道410号をトレースすると、この西側の道に案内されるかもしれない。

道幅もさることながら、路面のひび割れが素敵な酷道を演出している。

酷道
353
ROUTE

国道353号〈豊原峠 新潟県〉

災害対策と発電と。ドボク好きも捕らえる道

軽自動車なので多少余裕があるが、少し大きめの自動車だったらギリギリの道幅しかない。

国道353号は群馬県桐生市と新潟県柏崎市を結んでいる。途中、県境付近が不通区間となっているが、本書でご紹介するのは、新潟県内に存在する酷道区間だ。

早速、新潟県柏崎市から国道353号に入る。今回、あえて国道を終点から走ることにした。いい道も走っておくことで、酷い道がより引き立つからだ。

小岩トンネルを抜けて集落を過ぎると、山間部へ入ってゆく。「大雨時通行止めのお知らせ」の看板を見ると、気持ちが高まってくる。通過しそうになったが、看板に気になる文言を発見し、引き返した。

看板の下部に「道路ユーザーの方へのお願い」と書かれていた。

トヤ沢砂防堰堤

道路ユーザーの方へ

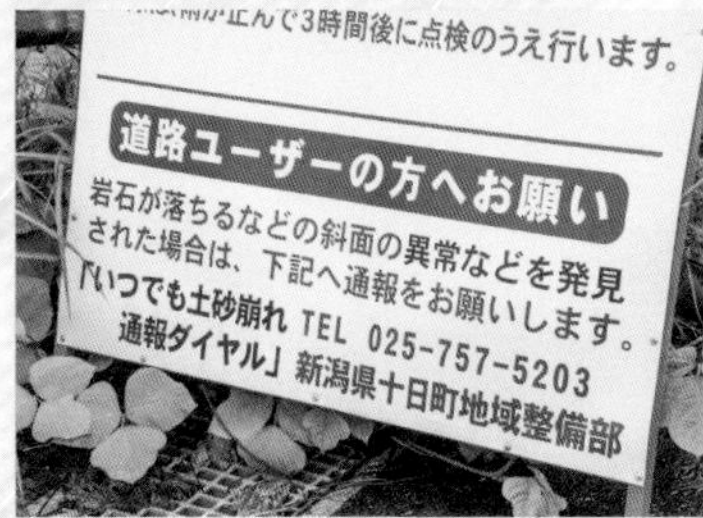

特殊な砂防堰堤や道路ユーザーへのお願いなど、クセの強さに目を奪われがちだが、酷道もしっかり酷い。

巨大な水管

巨大な水管が目を引く。水管の脇に設置されている倉庫らしき建物は、水管をぶった切って造ったものだろう。

内容はありふれたものだったが、道路ユーザーという表現が独特で気になってしまった。

そして、ここからはじまる酷道区間。道幅は狭いが、普通車同士であれば、すれ違うことができるだろう。ガードレールはないが、落ちて死ぬこともない。若干の物足りなさを感じながら走っていると、市街地に入ってしまった。

再び酷道区間に突入すると、前方に不思議な物体が見えてきた。赤茶色い巨大な円柱が幾つも並んでいる。Uターンして確認すると、砂防ダムだった。円柱の中に災害で発生した土砂が詰められており、残土処理と砂防ダム建設の一石二鳥という訳だ。

集落を過ぎると、いよいよ酷道が本気を出してきた。その矢先、目の前では超巨大な水管が圧倒的な存在感を放っていた。東京電力信濃川水力発電所の5本の水管が、国道の真下を通っているのだ。

その後、本格的な酷道を堪能していると、県道49号とぶつかる。酷道そのものも魅力的だが、沿道にも見どころが多い酷道だった。

国道403号〈伏野峠 長野・新潟県境〉

豪雪区間ゆえ通行期間も限られる酷道

上信越自動車道を豊田飯山インターで降りてしばらく走っていると、国道403号の文字が見えてくる。青看板の標示を見ながら左折し「4t車以上通行止」の標識を過ぎると、山に入った。

狭い山道を登っていると、突然視界が開ける。小ぢんまりとした湖が道の左右にあり、その周辺には田んぼが広がっている。田んぼの間をクネクネと走る細い道は、農道にしか見えない。しかし、これが国道なのだから、面白い。

そんな牧歌的な風景に似合わない看板が見えてきた。

「ダンプ・トラックが通ります」

こんな道でダンプカーが対向してきたら、一巻の終わりだ。注意しながら、恐る恐る先を目指す。

峠が近づいてきたが、道のコンディションに変化はない。落ちたら死にそうな高さなのに、相変わらずガードレールはない。

長野と新潟の県境である伏野峠には、雪の重みで地面に沈み込んだ案内板があった。そう、このあたりは豪雪地帯として知られる場所だ。

実は、ここに来るのは初めてで

新潟
加茂
403
小千谷
伏野峠
飯山
須坂
403
松本

この道幅が続く。

峠の北側、新潟県の棚田を見下ろす。

積雪で通れなかったときの写真。

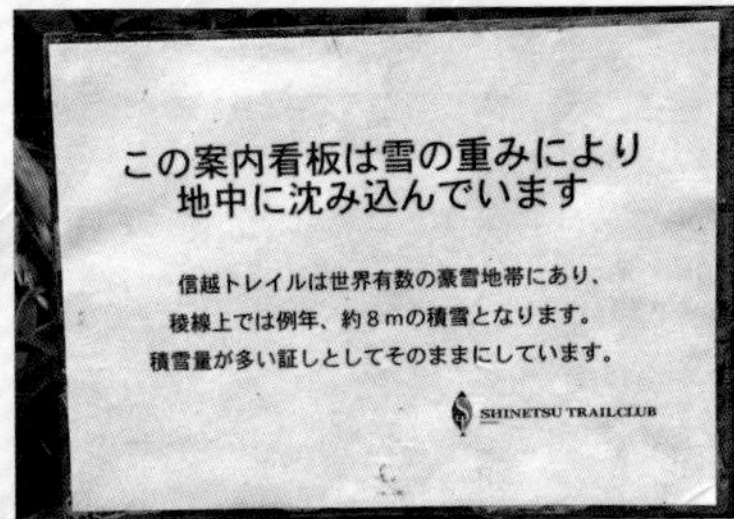

伏野峠にある地面にめり込んだ観光案内板。豪雪の証として、わざとそのままにされている。

はない。以前、11月に来た時には既に積雪があり、走破を断念するという苦い経験があった。今回は、いわばリベンジでもあった。

新潟県に入ると同時に、視界が開けて景色がよくなった。遠くの山々が眺望できる。崖下に落ちない保証さえあれば、素晴らしい眺めだ。美しくも恐ろしい景色を眺めながらゆっくりと山を下り、リベンジは成功した。

酷道を走るバスは絵になるが、対向してきたら恐怖でしかない。

国道405号〈秋山郷 新潟県・長野県〉

新潟県からしか入れない、長野県内の行き止まり区間

新潟・長野・群馬の3県を経由する国道405号。しかし、その存在を知る人は少ない。酷道区間が多いうえ、長野と群馬の県境付近は未開通で、地元住民が生活に利用するくらいだ。

今回、日本海に面した新潟県上越市からスタートし、国道が途切れる長野・群馬県境を目指した。国道405号に入るや、いきなり酷道になった。

上越市の船倉や十日町市の松之山地区では、美しい棚田が広がっていた。小さな棚が幾重にも連なり、まるで絵画のような田んぼに目を奪われる。こうした風景との出会いも、酷道の大きな魅力だ。

国道117号との重複区間を経て、長野県との県境が迫ってくると、道は再び酷道となる。川沿いで道幅が狭く、定期的に待避所が設けられているが、ガードレールはない。いつでも川に転落できる環境が整っている。

対向車は決して多くないが、路線バスが運行されている。バスが来なければいいなぁと思っている時に限って、大型バスが対向してくる。酷道とは、そんなものだ。

新潟県内では、複数の集落で美しい棚田が広がっている。松之山地区の棚田は、農林水産省が制定する「日本の棚田百選」にも選ばれた。

舗装が剥がれている場所もあるので、路面状態を見ながら慎重に運転する。山間部が多く酷道区間が連続するが、市街地では2車線路も存在する。束の間の休息だ。

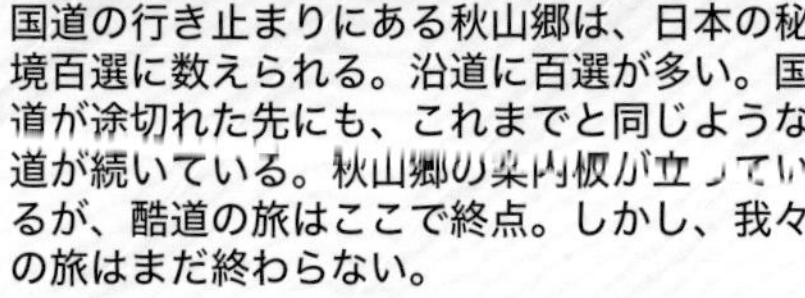

国道の行き止まりにある秋山郷は、日本の秘境百選に数えられる。沿道に百選が多い。国道が途切れた先にも、これまでと同じような道が続いている。秋山郷の案内板が立っているが、酷道の旅はここで終点。しかし、我々の旅はまだ終わらない。

ある意味、期待を裏切らない。

その後も心細い山道が続き、長野県に入ると温泉の表記が増えてきた。多くの温泉を擁する秘境・秋山郷だ。秋山郷で国道は途切れている。普通であれば来た道を引き返すのだが、ただ戻るのもうんざりする。ここはイチかバチか、林道を経由して志賀高原に抜けるルートを選択した。自宅に帰るのが翌日になるとは、この時点では知る由もなかった。

緑のカーテンが心地よい酷道だが、対向車が多い。

酷道
299
ROUTE

国道299号〈十石峠 群馬・長野県境〉

奥秩父から佐久平に抜ける重要ルートだが…

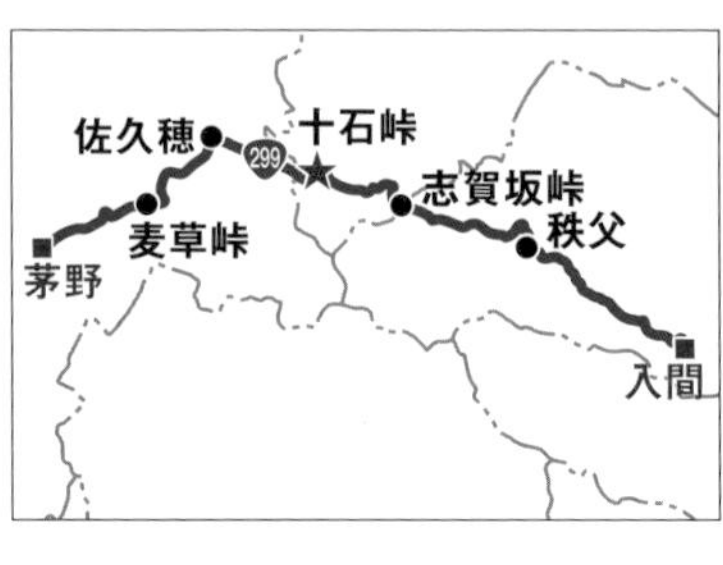

十石峠には展望台も設置されている。張り切って上ってみたが、見渡す限り山山山……。

長野県から埼玉県に至る国道299号のうち、長野と群馬の県境付近が酷道区間となっている。長野県側から走ると、国道141号と分岐し、山間部へと入っていく。この先、峠を越えるまで狭隘路と急カーブが連続する。

この酷道で最も過酷なのは、交通量だ。通常の酷道では考えられないほど、ひっきりなしに対向車がやって来る。バイクは猛スピードでカーブの向こうから突っ込んでくることが多く、心臓に悪い。

何度もバックして対向車をやり過ごし、十石(じっこく)峠に到着した。昔はこの峠を越えて十石の米を運んでいたことから、十石峠の名が付けられたといわれている。

狭くなった所に限って対向車が来る。

すべる

カーブには番号が割り振られていた。

交互通行用信号

常設された片側交互通行の信号機は珍しい。

大型車通行不能

新緑の中、オニギリも嬉しそうだ。

コントラストが目に優しい。

群馬県に入ると、頭上を緑が覆い隠し、その間から木漏れ日が射し込んでいる。緑のカーテンとまだらな影が路面に織りなすコントラストが、目に優しい。

大自然を感じながらのドライブやツーリングは、最高だろう。ただし、対向車には注意が必要だ。

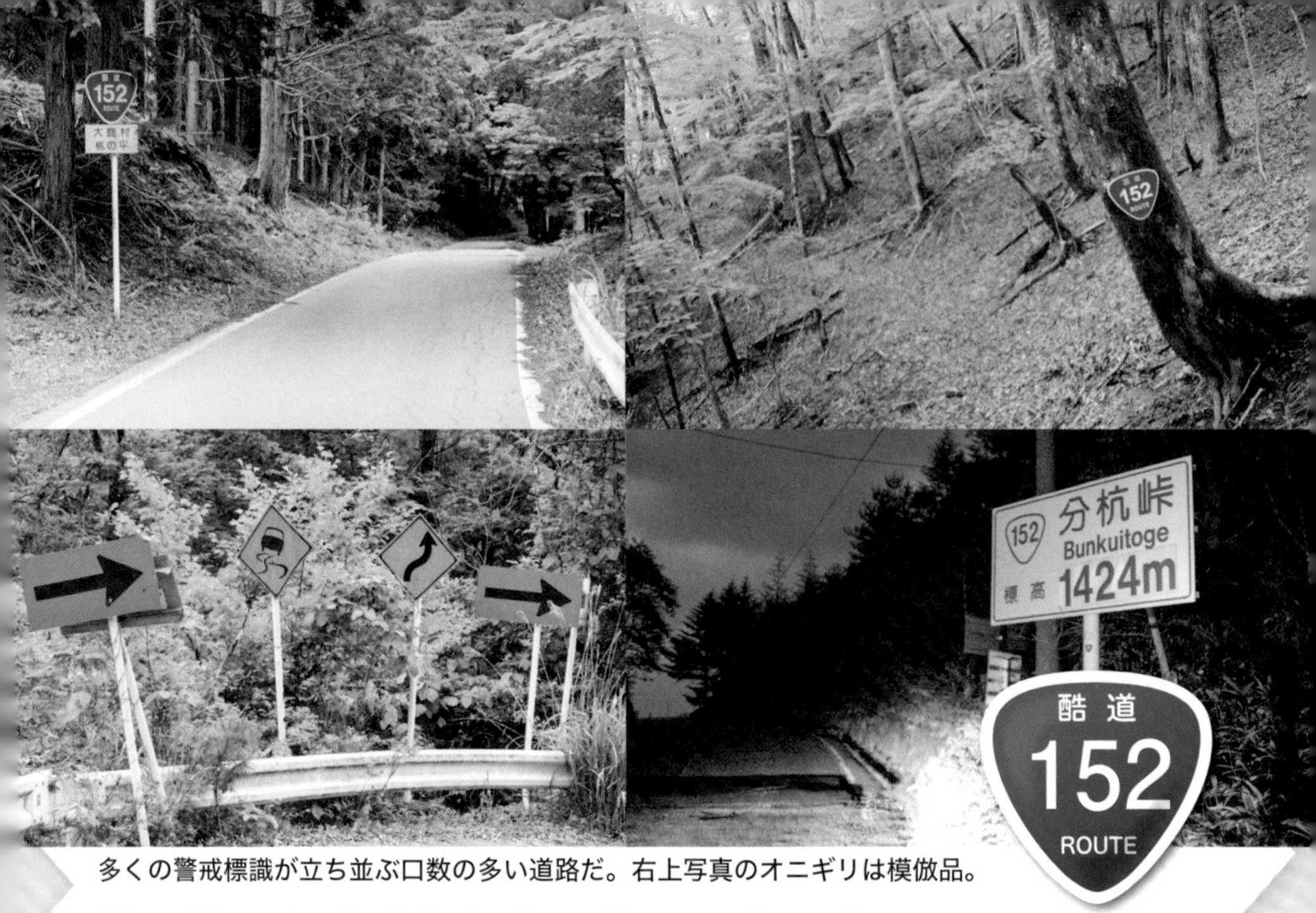

多くの警戒標識が立ち並ぶ口数の多い道路だ。右上写真のオニギリは模倣品。

国道152号〈青崩峠・地蔵峠〉長野県・静岡県

酷道の2カ所の分断区間を林道が結ぶ

国道が一部区間で途切れている分断国道は、全国に複数存在している。長野県上田市から静岡県浜松市に至る国道152号もその一つだが、分断区間が2カ所にわたって存在している、非常に珍しい酷道だ。

かつては太平洋で採れた塩を山あいの信州に運ぶ「塩の道」だった。信州で暮らす人々にとっては生命線となる重要な街道だ。それが今となっては車両通行不能区間が2カ所も存在する酷道となっており、栄枯盛衰を感じる。

浜松市から信州を目指すと、分断区間の遥か手前、秋葉ダムのトンネル内で分岐を右折させられた。災害による迂回だった。

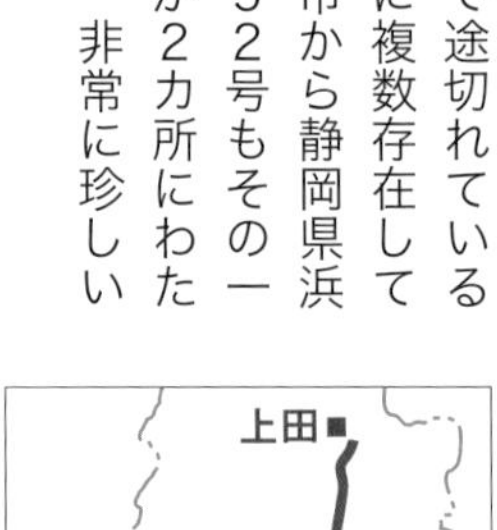

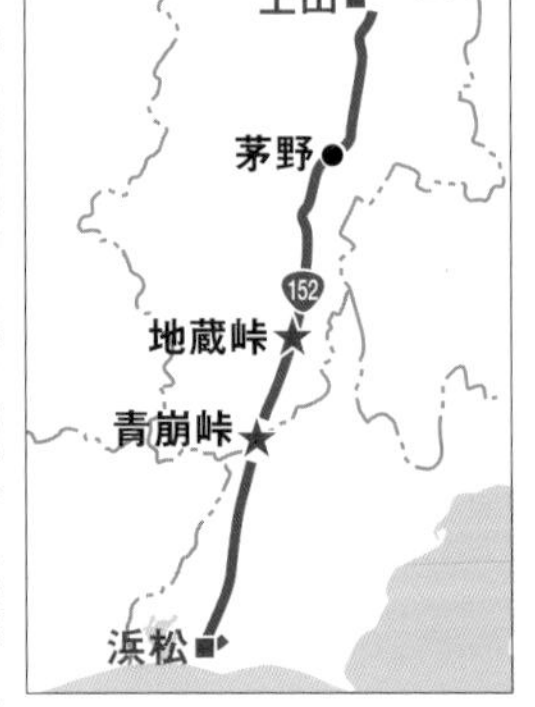

長い迂回路を経て国道を北進し、ようやく最初の分断区間・青崩（あおくずれ）峠に到達した。この区間は兵越（ひょうごえ（ごし））林道で迂回が可能だ。現在、この区間をバイパスする青崩トンネルの建設が進んでおり、2025年度に供用開始となる見込みだ。

国道をさらに北進していくと、第2の分断区間・地蔵峠が近づいてきた。蛇洞（じゃほら）林道で迂回して国道に戻ってきたあたりが、ちょうど

写真だけでは国道区間なのか林道区間なのか見分けがつかないが、ここは国道区間。

地蔵峠のお地蔵さま。必ず立ち寄りたいスポットだ。

秋葉ダムの近くではトンネル内に分岐があるが、誘導員が立っていてびっくりした。トンネル内を右折して迂回を余儀なくされ、その先では7kmに及ぶ片側交互通行区間があり、待ち時間は30分。クルマから降りてタバコを吸っている人や、周囲を散策している人もいた。

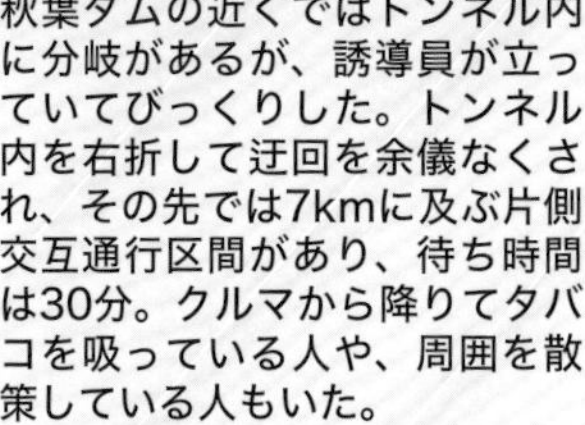

地蔵峠だ。お地蔵さまに道中の安全を祈願していると、ふと谷のほうにオニギリが見えた。驚いて近づいてみると、模倣品だった。こうした悪戯は、一瞬ぬか喜びしてしまうのでやめて欲しい。

　分断区間が終わっても、酷道の旅はまだ終わらない。延々と続く酷道区間を快調に走っていたが、最後の難関・分杭（ぶんくい）峠に着く頃には真っ暗になっていた。暗闇の酷道も味があっていいのだが、獣が飛び出してくるので注意が必要だ。

いかにも山に入ってゆく感じがするヘアピンカーブ。

国道362号〈山岳区間 静岡県〉

わずかずつ改良が進んでいる…はず…

静岡県中部を横断する国道362号。その大部分が山間部であり、酷道区間が断続的に存在する。しかし近年、改良の波が徐々に押し寄せている。このままでは、酷道区間がいずれ消滅するのではないか。そんな焦燥感に駆られ、静岡にやってきた。

静岡市街から北に向かい、山が近づいてくるとセンターラインが消え、急な上り坂とヘアピンカーブが連続する。いいカーブに見とれていると、後方から大型のダンプカーが迫ってきた。慌ててスピードアップし、広い場所でかわす。運よく後方から来たが、もしも対向車だったらと思うと、ゾッとする。急坂、ヘアピンカーブ、対向車と、酷い3要素が詰まっている。

山を下ると、しばらくは大井川鐵道と並走し、川根本町を過ぎて再び酷道へ入る。途中、造りかけで放置されているトンネルがあった。「新しい道路を作っています」という看板は立っているが、供用されていないトンネルの完成は2003年。いつになったら道路が完成するのだろうか。

川根本町
362
静岡
豊川
362
浜名湖

さらに走っていると「天空の茶

酷道区間の入り口。酷道の証・道路情報の掲示板を見るとわくわくする。

ヘアピン、そして急勾配が連続する。現在の法令に基づく道路の勾配は、上限が12%になっている。山道で見かける勾配標識に12%が多いのは、そのためだ。12%を超える勾配は、国道としては珍しい。排気量によっては加速が難しい急坂だ。

道幅いっぱいのダンプカーがゆく。しかも、結構な頻度で行き交うので注意が必要だ。

川根茶の産地として知られる川根には「天空の茶産地川根」という看板が掲げられていた。天空の○○というのが全国的に流行っていて、岐阜県にも天空の茶畑があるが、あまり知られていない。

改良中…

産地川根」が見えてくる。一面に茶畑が広がる実に静岡らしい風景だ。この後も、地味に酷い道のりが続く。この長さもまた、酷道だ。

川根本町から浜松市までは、国道473号との重複区間となる。

天生峠のヘアピンカーブ。

酷道 360 ROUTE

国道360号〈天生峠 岐阜県〉

実質2カ月しか走れないこともある酷道

国道360号は富山市から岐阜県の白川郷を経て石川県小松市に至る。起点と終点以外は、ほとんどが激しい山間部だ。

終点の石川県側から国道をたどると、白山市から岐阜県白川村にかけて分断区間があるが、実際には有料林道・白山白川郷ホワイトロードによって接続されている。クネクネ道ではあるが上下2車線あり、観光客が多く訪れる。

合掌集落で知られる白川郷まで来ると、一瞬だけ街の賑わいが感じられるが、国道156号との重複区間を過ぎると、あっという間に山に入ってゆく。ここから天生(あもう)峠区間に入るが、例年11月から6月まで冬季閉鎖が実施される。雪解けとともに破損箇所の補修工事を行う関係で、閉鎖期間はさらに延びることが多い。本誌の取材で8月に訪れたがゲートが閉じていたため、10月に再訪した。

開いているゲートを過ぎると、立派な滝が見えてきた。天生の中滝といい、さらに奥には天生の高滝があるらしいが、国道からは窺い知れない。

富山
360
小松
360
白山市尾添
天生峠
白川

集落のはずれにボロボロのオニギリが立っていた。

白川郷を抜けて、ここから本格的な酷道が始まる。

360号で最も酷道らしくなる天生峠の北側。高所を走るため、ガードレールが設置されている。

道路管理者の意地か、酷道では少し広くなった場所にオニギリが立っていることが多いが、ここはサービスがいい。

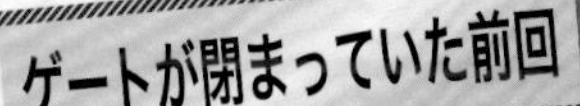

ゲートが閉まっていた前回

前回、一晩かけて走って来たら、ゲートが閉じていた。ゲートが開いているだけで、感動すら覚える。

この先、長さ8m以上のクルマは通行不能。

一瞬とまどう

もうずいぶん峠を下りてきた。

旧道区間

これが通行止の原因だろう。

深いヘアピンカーブを繰り返しながら標高を上げてゆく。天生峠に到達したが、これといって峠を示すものは何もなく、静かに通過する。

下り坂に入ると、道幅がより一層狭くなり、酷道らしさと冒険感が高まってくる。所々に道路が破損した痕跡や、引き抜かれたガードレールが山積みされている光景を目撃し、1年のうち実質2カ月間しか通行できないことを実感する。

山を下ると、JR高山本線に沿って穏やかな酷道区間が続く。改良済みの区間では、旧道にカントリーサインや国道標識が残されたままになっている場所もあった。現在も平野部では改良工事が進められていて、酷道といえるのは天生峠区間だけになりそうだ。

酷道
471
ROUTE

自然と一体化しつつあるアスファルト。

国道471号〈楢峠 石川・岐阜県境〉

「酷道らしさ」が凝縮された道

石川県と岐阜県北部を結ぶ国道471号。その県境には標高1220メートルの楢峠があり、全国屈指の酷道となっている。豪雪地帯であるため、毎年11月中旬から翌年の6月初旬まで、冬季閉鎖が実施される。その後も補修工事が行われることが多く「開かずの国道」と呼ばれることもあるが、実はこのような酷道は全国に数多く存在している。

この日、朝から富山で用事があり、471号を利用することにした。あらかじめ冬季閉鎖が解除されていることを確認し、前夜に自宅を出発した。夜明けとともに、酷道区間へと突入する。

国道360号と別れて楢峠方向へ進むと、すぐに道が酷くなる。普通車1台でギリギリの道幅しかなく、路面には落石が転がり、アスファルトから雑草が生えている。かろうじて舗装されているが、ダートと見分けがつかないほど、荒れている箇所もあった。

羽咋
471
小矢部
南砺
楢峠
471
平湯温泉

楢峠に近づくと、もう夏だというのに残雪が見える。それと同時に、オニギリの状態も酷くなってきた。雪の重みで潰されてしまう

アスファルト舗装されているというのに、わだちができて草まで生えている。

開始早々、いつでも転落できる体制が整っている。

酷道区間への岐阜県側の入り口。牧歌的な風景だ。

檜峠に近づくと、雲の中に突入。

相変わらず、路面状態が酷い。

マンガに描いたような、典型的なヘアピンカーブ。まるでゲームの世界にいるようだ。

川との高低差が大きくなってきたが、ガードレールはない。豪雪地帯なので、設置してもすぐに破損してしまう。

472号のほうが落ちていたので、掘り出して立てかけておいた。

檜峠を越えて富山県に入っても、こうした道が延々と続く。

ようで、かなりの確率で大きくひしゃげている。中には、完全に落ちてしまっているものもあった。土の中に埋もれていたので、掘り出して見えるように立てかけておいた。

　その後も川に沿ってガードレールのない狭隘路が続く。道幅の狭さ、路面の酷さ、距離の長さ、落ちたら死ぬ恐怖、走れる期間の短さ、どれをとっても最上級の酷道といえるだろう。

福井・岐阜県境の温見峠。

国道157号〈温見峠 福井・岐阜県境〉

「危険　落ちたら死ぬ!!」で知られたロング酷道

ドライブしているだけで生命に危険が迫る。そんなエキサイティングな国道が、日本に実在していた。岐阜県と石川県を結ぶ国道157号だ。「天下の酷道」として、全国にその名を轟かせている。

岐阜県側からスタートし、最後の集落が近づくと、道幅は一気に狭くなる。そして突然、目の前にオレンジ色の看板が現れた。

「危険　落ちたら死ぬ!!」

見る者を恐怖のどん底に突き落とす、トラウマ級の看板だ。初心者やペーパードライバーだったら、迷わずここで引き返すだろう。

その先は、本当に落ちたら死ぬ道が続いていた。道幅は狭く、ガードレールのような軟派なものは存在しない。一瞬の判断ミスにより、遥か崖下へ転落する。運転中も、常に死の恐怖がつきまとう。

落ちたら死ぬ区間を脱出しても、依然として気は抜けない。落ちたら死ぬのか死なないのか、そんな微妙な感じの道が延々と続く。

すると、不思議な光景が見えてきた。路上を流れる川「洗い越し」だ。これもまた、酷道157号の名物の一つだ。

金沢
157
大野
温見峠
157
岐阜

落ち葉が路面を覆い尽くす。

絵に描いたような狭隘路。

温見峠の福井県側の比較的緩やかな酷道。

ひしゃげてしまった国道標識。

山々が綺麗に色づいていた。酷道のご褒美だ。

157号の代名詞、インパクト抜群な看板。残念ながら2018年に撤去されてしまった。

これが、落ちたら死ぬ道だ！

対向車が来ても絶対にバックしたくない道。

洗い越し

路上を流れる川・洗い越し。歩行者は想定外？

　水しぶきを上げながら洗い越し通過すると、いよいよ温見(ぬくみ)峠だ。峠を越えて福井県に入っても、道の状態は相変わらず酷いままで、ガードレールは見当たらない。

　酷道を何時間も走り続け、久しぶりに民家が見えてきた。その先には、なんとコンビニまである。命からがらコンビニに吸い込まれる。生きているって、素晴らしい。死の道にして、生きる喜びが実感できる国道。それが157号だ。

酷道
257
ROUTE

2連の国道標識（左）の先に県道標識が見える不思議な光景。

国道257号・472号〈嶺越え 岐阜県〉

不通区間を挟む盲腸道路こそ最高の表情を見せる！

狭い道幅と小さなトンネル。なかなかいい酷道風景だが、ここはまだ前哨戦に過ぎない。

三つの国道と一つの県道を走り継ぐことで、岐阜の美濃地方と飛騨地方を結んでいる飛騨せせらぎ街道。街道を構成する国道２５７号と４７２号には、実は酷道区間が隠されている。

国道視点で２５７号を下呂市から走っていく。馬瀬川沿いに酷道区間があるが、本題はそこではない。やがて国道４７２号とぶつかり右折すると、せせらぎ街道だ。

２５７・４７２号併設区間であるせせらぎ街道を進むと、高山市清見町楢谷付近で突然、国道から県道73号に変わるポイントがある。1本の道路の手前に国道標識が、その先に県道標識が立っている。

不思議な光景の種明かしをする

中央分水嶺南側（馬瀬川側）

せせらぎ街道から分岐し、行き止まりまでわずか1キロほどだが、素敵な表情を見せてくれる。

中央分水嶺北側（庄川側）

南側と比べて距離が長い北側の盲腸区間。沿道をよく見ると橋脚が隠れているなど、分断解消を目指していた痕跡が見受けられる。

と、重複する2本の国道は国道標識のすぐ先で左折しており、その交差点を境に国道から県道に変わる。国道を走るため左折すると、驚くほど道幅が狭くなる。そして、わずか1キロで行き止まりになってしまう。この先は分断区間だ。

国道は山によって東西に分断されており、分断区間の直線距離は約5キロだ。しかし、反対側に回り込むには60キロの道のりを1時間半かけて迂回するしかない。

分断区間の北側を走る国道158号からもう一方の末端部へ。東海北陸道の下をくぐると、本格的な酷道だ。道幅はギリギリ、川との間にガードレールはなく、路面はボロボロ。理想的な酷道だ。

国道158号との分岐から約4キロで、国道257・472号は終わる。距離は短いが、せせらぎ街道を走っているだけでは気づかない、国道257・472号の秘密。知っておいて損はないだろう。

酷道
418
ROUTE

国道418号〈不通区間〉

岐阜県

いずれダム湖に沈む実質的な廃道区間

国道418号のうち、岐阜県内の八百津(やおつ)町から恵那市の間は実質的に廃道であるにも関わらず、国道指定されている。そのため「最凶酷道」などと呼ばれているが、現在丸山ダムの嵩上げ工事が進行中で、完成すればダム湖の底へ沈んでしまう。

工事の進む丸山ダムを眺めながら酷道区間へ突入したが、すぐにゲートが出現した。早速、迂回する羽目になった。落石だらけの迂回路を何とかやり過ごし、やっとのことで廃道区間に入ると、左側は山肌で、右側はダム湖だ。水深は50メートルを超えるので、慎重に運転する。

心霊スポットとして有名な二股トンネルを過ぎると、一段と路面状態が酷くなった。落石に加えて木の枝が散乱している。障害物の除去が追いつかなくなり、ついにクルマに乗るのを諦め、クルマの前を歩きながら障害物を除ける。

落石を蹴りすぎて足が痛くなった頃、次のゲートが現れた。近くに迂回路があるので、再度迂回する。最後に笠置ダムを見て、酷道

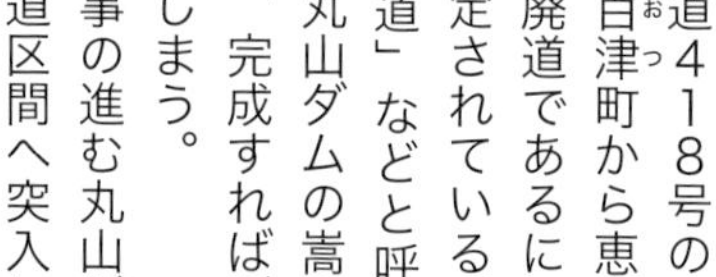

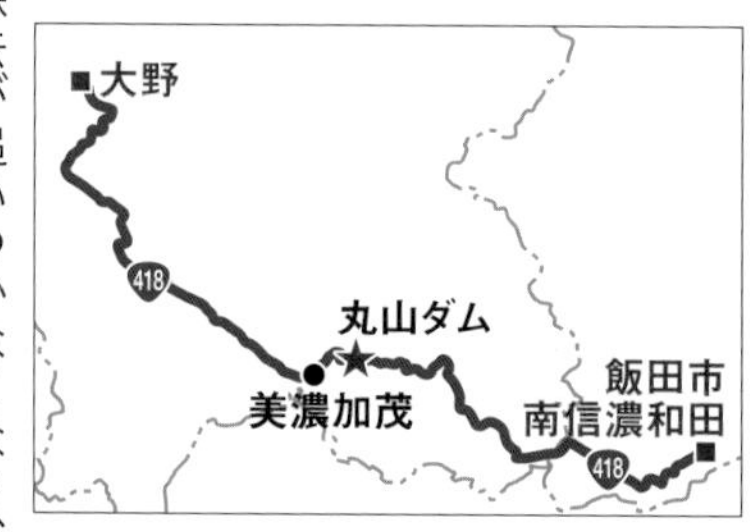

東海地区では知らない人はまずいない二股トンネル。心霊スポットとしては朝鮮トンネルと呼ばれている。

巨大な落石が行く手を阻む。通称「隕石」と呼ばれる巨石によって災害通行止めになり、そのまま15年以上が経つ。

迂回した先の実質廃道区間。路面には多くの落石が転がる。大きな落石も、力を合わせて除けながら走る。

二股トンネルは、内部でカーブしている。現在は通行止め区間に挟まれているため、訪れる人はまずいない。

クルマで来たのに、落石を除けながらずっと歩いていた。

またしても通行止め。ここから再び迂回する。

丸山ダム

旅足橋

丸山ダム上流の旅足（たびそこ）橋。メインケーブルで補剛桁を直接吊る構造は非常に珍しく、日本ではこの旅足橋しかない。

新旅足橋

旅足橋の代替として架けられた新旅足橋は、橋脚高さ101m、谷底まで200mあり、日本一の高さを誇る。

の旅を締めくくった。本線を走行している時間より、迂回している時間のほうがはるかに長かった。

つけ替え道路。この先、急激に狭くなる。

酷道
417
ROUTE

国道417号〈冠山峠 岐阜県・福井県〉

分断された酷道を林道がつなぐ

日本最大の貯水容量を誇る徳山ダム。国道417号は、揖斐(いび)川沿いから徳山ダムに向かって伸びている。国道は岐阜・福井県境で分断しているが、林道によって接続されているため、福井県池田町へ通り抜けることが可能だ。

岐阜県側から走っていくと、徳山ダムの手前から巨大な橋梁や長大トンネルが連続し、まるで高速道路のような道が続く。ダム建設に伴い、つけ替えられた区間だ。計画から50年を経て完成した徳山ダムにより、徳山村は全村がダム湖に沈んだ。旧道も然りだ。

最後のトンネルを抜けると道路の様子が一変。直角にカーブすると同時にセンターラインが消え、川に沿って狭隘な道が続く。

山を登り始める地点で国道はいったん終了し、これより先は塚林道となる。林道に入ると、谷がみるみる深くなってゆく。ガードレールなど、もちろんない。万が一コースアウトしたら、100メートルは落ちてゆくだろう。

冠山(かんむりやま)峠を過ぎて福井県に入っても、道の状態はほとんど変わらない。冬季閉鎖用のゲートが現れ、

417
鯖江
冠山峠
南越前
417
大垣

徳山ダムが完成し、水没直前の徳山村。現在は、全てが徳山湖の湖底に沈んでいる。

峠を越えて福井県側を望む。この先も酷い。

林道区間の冠山峠付近。完全に落ちたら死ぬ道だ。

旧道沿いにあった水没前の徳山小学校。

冠山峠の石碑。手前の町名の数々が、変遷を物語っている。

ここから再び国道４１７号となる。近年、酷道・分断区間をトンネルでぶち抜く「冠山峠道路」が着工された。完成予定は２０２３年度。以前から観察を続けてきた酷道が姿を消すのは残念だが、多くの人に利用され、道として本来の用途を果たすようになれば、本望だ。

酷道の証ともいえる道路情報は、「落石注意」を表示。

国道25号〈旧道区間 三重県・奈良県〉

この道があるからこそ高規格バイパスがある

国道25号＝名阪国道と思う人が多いだろう。名阪国道は二つの高速道路を結び、実質的に高速道路として機能している。名阪国道は、三重県四日市市と大阪市を結ぶ国道25号のうち、自動車専用の高規格バイパスが整備されている三重県亀山市から奈良県天理市までの区間のことだ。

地図をよく見ると、名阪国道と並行してもう1本、国道25号が伸びている。名阪国道は自動車専用道であるため、自転車や歩行者の通行を考慮し、旧道も国道指定のまま残したのだろう。

この、もう一つの国道25号は、高速道路と見まがう名阪国道とは裏腹に、酷道の名に相応しい道路となっている。そんな「名阪酷道」を三重県四日市市の起点からたどってみる。

四日市
25
伊賀
大阪
25
天理

国道1号と別れるとセンターラインは消えるが、対向車との離合は容易で、酷道と呼ぶにはまだ甘い。沿道にはJR関西本線の鉄道遺産群もあり、風景を楽しみながらドライブできる。

かつては伊賀上野市街を通過すると、立派なトラス橋が見えてき

JR関西本線の構造物や生活道路にしか見えない風景など、見どころが多い。

国道の起点であるゼロキロポストからスタート。しばらくはいい道が続く。

名阪国道との並走区間。どちらも国道25号だ。

五月橋（旧橋）

撤去されてしまった五月橋。名阪国道のインター名にもなっている。

天理ダムの堤体上をゆく。ダムの安全管理の観点から、こうした道路は年々減ってきている。

天理ダム

ダムに向かう道も昔ながらの風情を残している。

た。名張川に架かる五月橋だ。五月橋の竣工は昭和3年。国道25号で供用されている橋としては最も古かったが、2020年に新しい橋に架け替えられて姿を消した。

道の駅針T・R・Sを過ぎると、山間部に突入する。天理ダムの堤体上を通過したあとは、一気に高度を下げてゆく。集落に近づくと道の状態もよくなり、このあとは普通の国道が続く。酷道の旅は、ここで終了だ。

名阪国道なら1時間半ほどの道のりだが、名阪酷道を走ると5時間もかかってしまった。こんなルートを選ぶのは、よほどの物好きだけだろう。

路面を覆い尽くす杉の枝。これでもれっきとした国道だ。

酷道 422 ROUTE

国道422号〈高見山地・池坂越〉(三重県)

2カ所の分断区間をすべて行ってみる

国道標識の背後にそびえる山が、この先に待ち構える分断区間の存在を暗示している。

国道422号は、実延長125キロ足らずだが、分断区間が2カ所もある。訪れる前から手強さを感じ、2日間かけることにした。

国道の起点である滋賀県大津市を出発し、終点となる三重県紀北町を目指す。伊賀市に入ったところで酷道が現れたが、期待していた区間はバイパス工事が完了していた。やはり、酷道は生物だ。

翌朝、津市美杉町から最初の分断区間を目指す。分断区間の前後は、レベルの高い酷道が期待できる。道幅はギリギリ、林道の様相を呈し、国道のイメージは全くない。国道の末端部まで行くと、ついに舗装が切れダートになった。

大変なのは、これからだ。分断

伊賀市の市街地酷道。この先にあった酷道は、バイパスの完成により消滅していた。

国道らしさが感じられないが、親切に行き止まりであることを知らせてくれている。

国道のギリギリまで攻めている茶畑。

この先、荒滝不動尊付近で国道は一旦途切れる。

偶然見かけて立ち寄った旧道。右側に旧旧道がある。

道路から生活感が感じられるのも大きな魅力だ。

「道を開けようか？」と聞かれたがバックで退散した。

最後の分断地点。これで長かった旅も残りわずか。

区間の反対側へ回り込まなければならない。直線距離では1・5キロだが、迂回するには35キロの道のりとなる。1時間後、反対側にたどり着いた。末端部にある荒滝不動尊でお参りした。

次の分断区間に向けて2車線の快走路を走っていると、トンネルの脇に旧道が見えた。車一台分ギリギリの素掘りトンネル。旧道の脇には、旧旧道の入り口もあった。現道・旧道・旧旧道の並び。これは最高の寄り道になった。

次の分断区間へ、急勾配の狭隘路をグングン上ってゆく。林道の様相、というか、まさに目の前で伐採作業が行われており、重機が道を塞いでいた。

その後、5キロほどの分断区間を1時間半かけて迂回した。この酷道を走り始めて1日半、あとは惰性で終点の紀北町まで走り抜けた。時間の余裕は楽しさの源であることを、改めて実感した。

「絶対に」は、行政による最大限の意思表示だ。

国道368号〈仁柿峠（三重県）〉

「絶対に通れません」宣言

　国道368号は、国土交通省によると、三重県内陸部において伊賀地域と松阪地域及び南勢地域を結び、この地域の交流・連帯を支援する上で重要な役割を担う路線だ。これはちょっと言い過ぎかもしれないが、三重県において重要な交通路であることに変わりはない。にも関わらず、肝心な伊賀地域と松阪地域の間に酷道区間が存在する。

　道路地図で確認したが、酷道区間は直線距離にして5キロ弱しかない。先述の通り主要道路でもあるし、これはたいしたことないだろうと高を括っていた。

　道の駅美杉から松阪方向へ走ると、酷道区間である仁柿（にがき）峠に差しかかる。峠の手前には、大型車への注意喚起看板が設置されている。

「この先大型車は絶対に通れません」

　大型車への注意看板は、酷道ではよくある風景だが、行政がここまで強い言葉を使って注意を呼びかける看板は、非常に珍しい。それだけ、この先の道のりが過酷ということだ。酷道への期待が膨らむ。

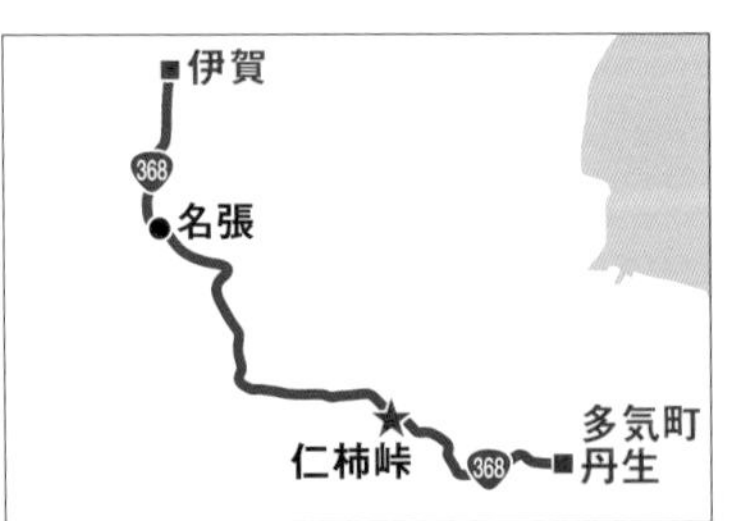

国交省では、地域間交流を支援する上で重要な路線と位置づけている。う〜ん……

ドライブするには気持ちのよい道だろう。対向車さえ来なければ。

区間こそ短いが、小粒でもしっかり酷く香ばしい酷道だった。

交通量が多く、油断していると対向車がやって来る。しかも、最も狭い区間に限ってやって来る。

仁柿峠から名張側は、快走路が続いている。峠を越えたすぐ先に道の駅美杉があり、休憩するにはちょうどよいスポットだ。

峠に入ると、道幅が一気に狭くなり、酷道と化した。林によって日光が遮られ、谷側のガードレールは所々にしかない。

不法投棄禁止の呼びかけに混ざって、死体遺棄事件の情報提供を呼びかける立て看板が設置されていた。酷道にゴミも死体も捨てちゃダメだ。短いながらも、酷道の魅力がギュッと詰まっていた。

なお、仁柿峠バイパスが2034年度に供用が開始される予定で、酷道を楽しむなら今のうちだ。

住宅街のなかのどこでもありそうな道には、さかのぼること1400年の歴史。

国道166号〈竹ノ内街道 大阪府〉

歴史がありすぎて、酷道のままになっている道

歴史のある街道筋が国道指定を受けて、何らかの事情によって拡幅できず酷道になっているケースは多々挙げられる。

国道166号は、大和国と河内国を結んだ竹ノ内街道を、奈良県葛城市から大阪府羽曳野市までたどっている。竹ノ内街道は、飛鳥時代に整備された官道、いわば「日本最古の国道」だ。

酷道区間は、近鉄南大阪線が並走している。史跡を見ながらハイキングコースとして楽しむのもいいかもしれない。

奈良県太子町から羽曳野方面に進むと、国道165・166号のバイパスである、南阪奈道路のガードをくぐる。そして近鉄南大阪線上ノ太子駅を左手にすぎたら、都市型酷道の始まりだ。

上ノ太子駅から駒ヶ谷駅までは断続的に改良区間を含む。駒ヶ谷駅に近づいたら道なりに進まずに、左折して月読橋で飛鳥川を渡ろう。竹ノ内街道は、歴史を感じさせる土塀、土蔵の間を進んでいく。対向車が来て離合するのにも、民家のガレージを申し訳なく使うしかない。

羽曳野
槙原
高見山
松阪
上ノ太子駅
166

左上：生活感を感じる住宅街を縫っていく。／右上：小型車同士でも離合はやっと。／左下：路肩注意!!／右下：土塀が連なって落ち着いた風情。

街道の要衝として栄えた上ノ太子駅周辺は、叡福寺、河内源氏や小野妹子の墓など史跡が多い。

時が止まったような、郷愁に駆られる一角。

どっちやねん!?（166号は直進）。

石川を臥龍橋で渡ったら、青看板を信じて注意深く進もう。ここから西側の約1キロは、道路両側の民家がより迫ってくる。軒先をかすめてハンドルをさばかなくてはいけない。地元住民のクルマで、幅員の割に交通量は多い。

買い物客、学生が行き交う古市駅周辺は西行き一方通行だ。クルマで酷道区間を走破するなら、太子町から羽曳野市内方面へのトレースをおすすめしたい。

とても国道のトンネルとは思えない。

国道309号〈行者還トンネル〉奈良県

林道をそのまま国道に昇格させると…？

激しい山間部を走る国道のなかには、元々林道だった道も少なからず存在している。国道の未開通区間が林道で繋がっているというケースは、意外と多い。国道は国土交通省だが、林道は農林水産省の所管となる。道路のランクも天と地ほどの差があるように思うが、国道を新たに造るよりも既にある林道をそのまま国道にしてしまったほうが確かに合理的だ。

国道309号の奈良県山間部にも、林道から国道へ編入された区間が存在する。そうした道は、ほぼ例外なく酷道だ。奈良県の主要部から南へ向かい、元林道区間を目指した。

山間部へ突入し、みたらい渓谷が近くなると、道幅が一気に狭くなる。国道は沢に沿って伸びていくが、さらに幅員が減少し、頭上には岩がせり出している。路肩には、見覚えのない「落盤注意」の注意看板が立っている。「落石注意」は酷道でよく見かけるが、落盤注意は見たことがない。いよいよ旧林道区間に入ったようだ。

大阪
水越峠
309
行者還トンネル
天川
上北山
309
熊野

細い山道をクルマで登ってゆくと、行者還岳の頂上付近に行者(ぎょうじゃ)

片洞門

全国チェーンのコンビニを彷彿とさせるショップを通り過ぎると、いよいよ酷道らしくなってきた。

みたらい渓谷まで、植林された杉並木を抜けてゆく。雰囲気は、もはや林道だ。

元林道区間では、地形も切り立っている。しかし、落盤にはどう注意すればいいのだろう。

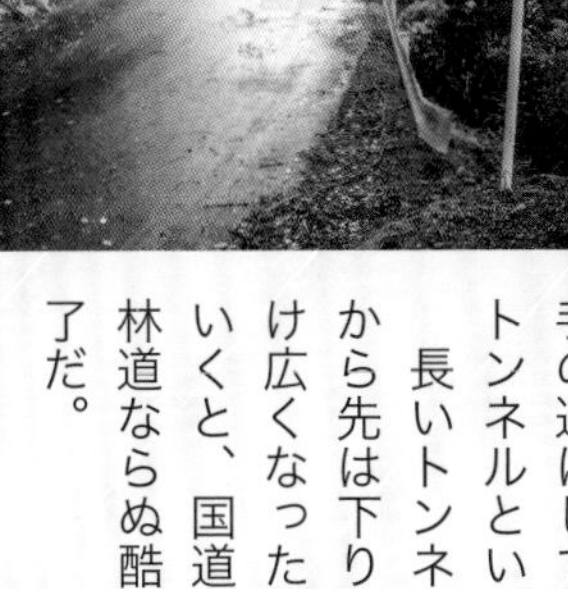

景色のいい渓谷では、水遊びをする人で賑わっていた。

行者還トンネル付近には、登山者のクルマがたくさん停まっていた。

山の斜面に張りついている元林道の国道。

還(がえり)トンネルがある。林道時代からあったトンネルだが、延長は1キロ以上もあり、トンネル内で対向車とすれ違うこともできる。この手の道にしては、非常に恵まれたトンネルといえるだろう。

　長いトンネルを抜けると、ここから先は下り坂だ。道幅が少しだけ広くなった酷道を順調に走っていくと、国道169号に合流する。林道ならぬ酷道の旅は、ここで終了だ。

酷道 170 ROUTE

国道170号〈瓢箪山駅付近 大阪府〉

自動車通行止め!? ナニワの「アーケード国道」

電飾看板の高さはバスがここを通っていた名残。

深夜、早朝は酔客にも注意して。

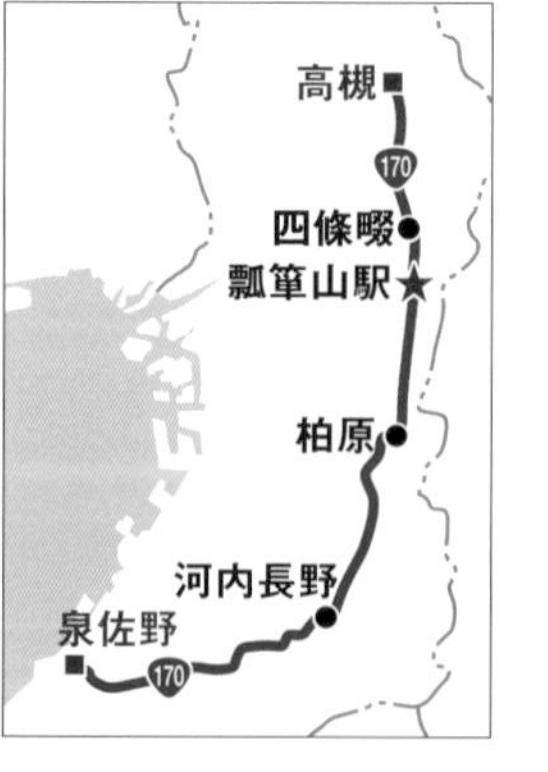

「アーケード国道」――その一つは長崎市にある国道324号の浜町アーケードで、もう一つが国道170号の近鉄奈良線 瓢箪山(ひょうたんやま)駅周辺だ。

国道170号は大阪万博にあわせて、地元で「外環」とよばれるバイパス道路として整備されたが、旧道区間の大部分はいまだ格下げされずにいる。

大東市から東大阪市に入り4キ

アーケード区間にオニギリがないのが惜しい。

近鉄奈良線の踏切を跨ぐ。

縁起を担いで至る所にひょうたん。

口南に下る。すると「栄光のアーチ」が現れる。「サンロード瓢箪山商店街」のアーケードだ。日中は人通りが途切れることなく、買い物客が行き交ってにぎやかなところだ。さらに近鉄の踏切を越えると、南に「ジンジャモール瓢箪山商店街」がつづく。

ナニワの商魂たくましいアーケード国道はあわせて約350メートル。天下の国道であるはずが、なんと午前7時から午後8時までは自動車通行止めだ。

創業50年の瓢箪山水族館は金魚・熱帯魚専門店。

国道371号〈高尾峠 和歌山県〉

未開通区間をつなぐ林道。くれぐれもガス欠注意…

紀伊半島を縦断する371号。その道のりは、長く、険しい。

この日、国道371号を走破するため、起点である大阪府河内長野市から終点の和歌山県串本町を目指した。紀伊半島を縦断する244キロの長い旅のはじまりだ。

橋本市を過ぎると短い酷道区間があり、その後は高野龍神スカイラインとして、稜線に沿った気持ちのいい快走路が続く。

田辺市の龍神温泉を過ぎると、本格的な酷道がやってくる。朝から国道を走り続け、既に13時を過ぎていた。待ちわびた酷道だ。

南下を続けているとガードレールが消え、本格的な酷道となった。田辺市木守を過ぎると時刻は18時を回り、暗くなってきた。真っ暗になった酷道は落石や倒木だらけで、パンクしないように慎重に避けて進む。すると突然、激しいダートになった。

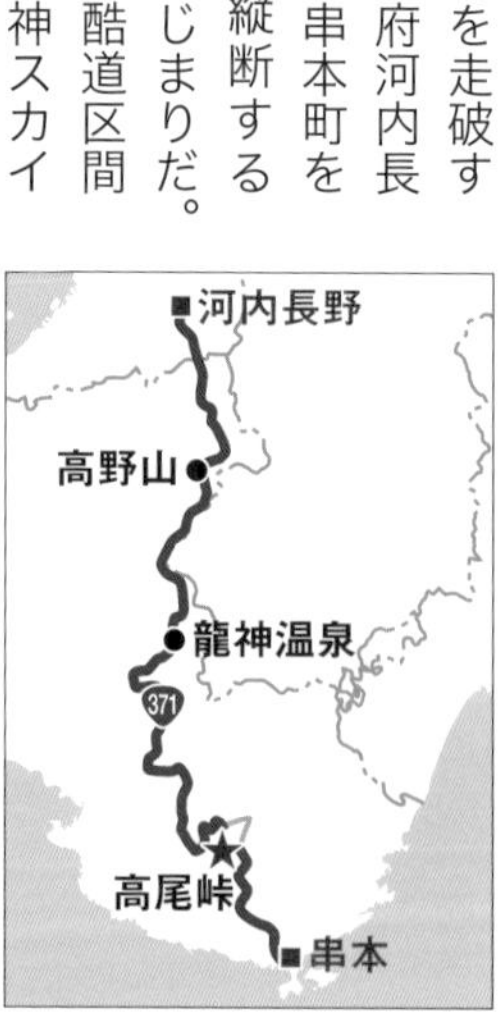

これはおかしいと思い、地図を確認すると、なんと国道がなかった。国道371号には未開通区間があり、今まさにそこにいたのだ。未開通区間は林道によって結ばれているが、スマホの地図アプリは何事もないかのように、直進を指示し続けている。

長い酷道との闘いがはじまる。

酷道にあると嬉しいオニギリ。

軽自動車でこの道幅。

走ってはじめて分かる"命の道"の重み。

酷道では立木がガードレール。

　ここで、緊急事態が発生した。給油ランプが点灯したのだ。実は高野山付近でガソリンが半分を切ったため給油しようと思っていたが、タイミングを逃してしまった。その後、営業しているガソリンスタンドは半日以上見ていない。

　暗闇の酷道を、給油ランプを灯しながら、燃費走行で突き進む。このまま酷道を走破し、紀伊半島南端の串本町まで行かなければ、ガソリンスタンドはない。絶対に負けられない闘いだった。

　なんとか辛勝したが、今後酷道を走る際は、これまで以上に早めに給油しようと心に誓った。ガソリンの余裕は、心の余裕だ。

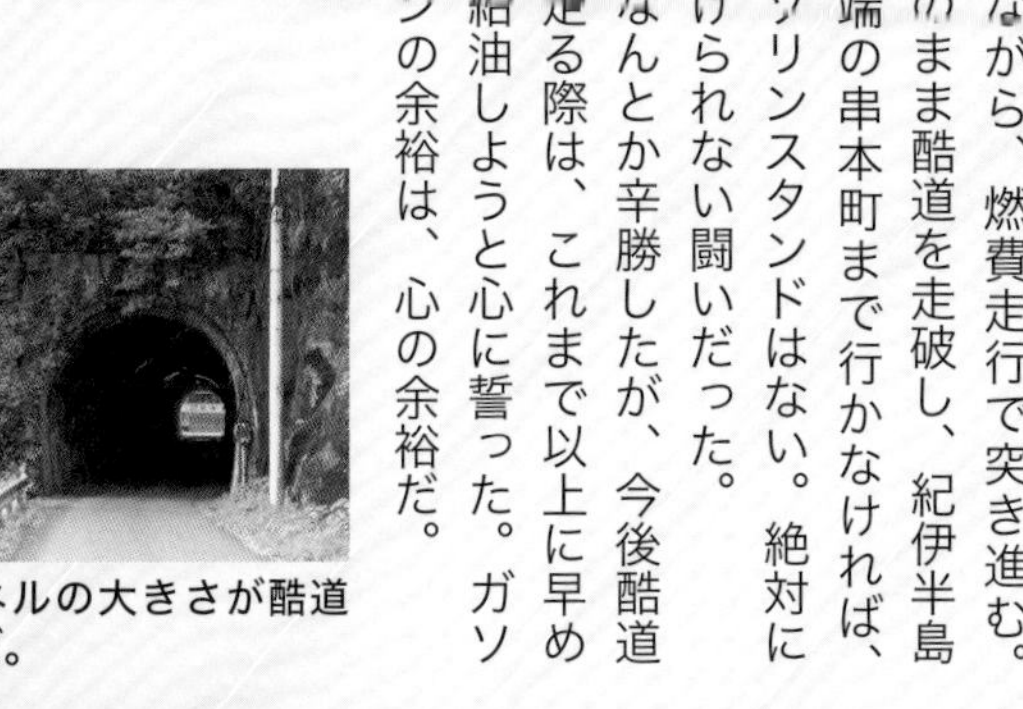

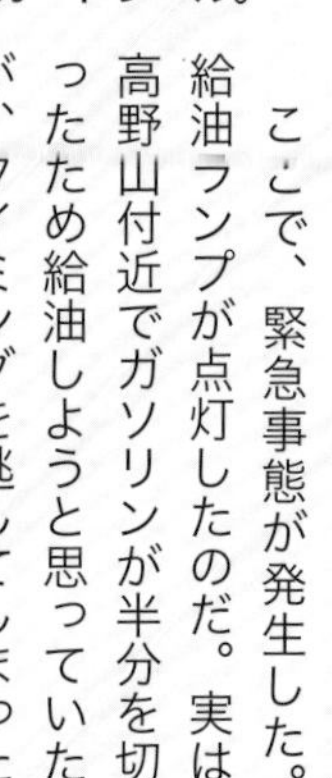

トンネルの大きさが酷道サイズ。

道幅に配慮したオニギリ。

ガードレールはないが眺めはいい。

生きた心地がしない本山谷平林道。

国道425号〈ほぼ全線〉三重県・和歌山県

紀伊半島にある、ほぼ全線が酷い道…！

通常、酷道というのは、国道全線のうち一部の区間だけであることが多い。しかし、紀伊半島を横断する国道425号は、延長170キロあまりのほぼ全線が酷道という驚異的な路線だ。

起点の三重県尾鷲市から終点の和歌山県御坊市の間に、大きな市街地はない。街といえば、奈良県の下北山村と十津川村くらいだが「本州最後の秘境」と呼ばれるような場所だ。景色は素晴らしいが、一度走り始めると飲料の自販機さえほとんどない。色々な意味で過酷な道といえるだろう。

尾鷲市からスタートすると、早々に八幡トンネル付近の土砂崩れにより、通行止になっていた。3時間以上かけてトンネルの反対側まで迂回してきた。先行きが思いやられるが、気を取り直して再スタートしよう。

阪本ダムのダム湖に沿って、狭隘路が続く。すると、目の前に壮大な2段の滝が見えてきた。下段が落差50mの不動滝、上段は落差75mの銚子滝だ。素晴らしい名瀑にも関わらず、ギャラリーは他にいない。絶景を独り占めできるの

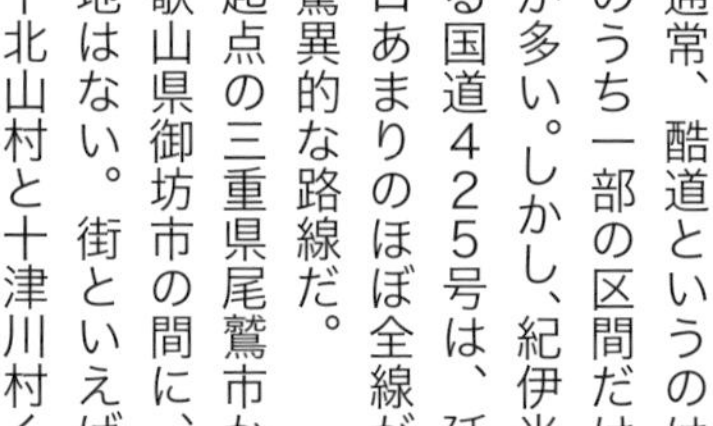

山間部も酷道だが、集落内も酷道。延々と酷道区間が続く。

木の枝が落ちていたので、クルマを降りて撤去する。これでも国道……。

国道から見える不動滝と銚子滝。この滝を見に行くだけでも価値がある。

この道幅にして、この路面。オニギリも谷に落ちかけている。

この備後橋は、2015年に吊索の破断が見つかり、一時通行止めになったことがある。

も、酷道ならではだろう。

延々と酷道を走り続け、下北山村と十津川村で久々に民家を見たと思うと、再び山に入る。「転落死亡事故多し」など、これでもかというくらい注意喚起の看板が立っている。それだけ設置する予算があれば、ガードレールでも設置してほしいものだ。

全線を走破しようと思うと、日の出から日没までかかるので、食料を持って挑んでほしい。

2018年には三重県尾鷲市の八幡トンネル付近で土砂災害が発生し、通行止めとなった。

この付近も2018年の台風で被害を受けた。

本線がほぼUターンする百井別れ。

国道を踏み外さずに進もうと思うと、切り返しが必要となる。

国道477号〈百井別れ 京都府〉

「百井別れ」のほうが知名度高し？

国道477号といえば、琵琶湖の南部を横断する有料道路「琵琶湖大橋」が有名だ。

しかし、国道の起点が三重県四日市市であり、大阪府池田市までを結んでいることは、あまり知られていない。そして、その間には酷道区間も含まれている。

京都府南丹市のJR山陰本線八木駅付近から、国道477号の旅を始める。山間部では道が狭くな

琵琶湖
南丹
477
百井別れ
日野
武平峠
四日市
池田

京都大原を越えてゆく。何かにつけて意外な国道だ。

田舎の林道にしか見えないが、これでも京都市内を走る国道だ。

コンクリートがオレンジ色に染まっているのは、ツブダイダイゴケによるもの。

この先が、いよいよ百井別れだ。

酷道と酷道の間に、こうしたバイパスも一部存在する。束の間の休息だ。

琵琶湖大橋も国道477号だ。

るが、市街地に出るとセンターラインが復活する。一喜一憂しながら、のどかな風景のなかを順調に走っていた。

花脊(はなせ)峠が近づいてくるとセンターラインが消えた。峠を過ぎると、いよいよこの酷道最大の見どころ「百井(ももい)別れ」だ。前方に、三叉路を示す青看板が見えてくる。同じ道幅の直進方向と、ほぼ180度鋭角に左折する狭隘路に分かれている。普通に考えれば直進するのだが、酷道に常識は通用しない。国道477号を進みたければ、鋭角に左折しなければならない。

反対車線まで大きくせり出し、思い切りハンドルを切ったが、曲がりきれない。バックして切り返し、ようやく国道を進むことができた。百井別れを過ぎても、この先には百井峠など過酷な区間が続く。道幅は一層狭くなり、激しい上り坂が連続する。酷道477号のハイライト区間だ。

百井峠を過ぎると比較的穏やかな道が続き、琵琶湖大橋を渡って帰路についた。

石畳で風情があるが、これも国道だ。

酷道
308
ROUTE

国道308号〈暗峠 大阪府・奈良県境〉

石畳と37％の激甚急勾配のある生活道路

峠の茶屋には、ぜひ立ち寄っておきたい。夏だったのでかき氷をいただいた。雰囲気も最高だ。

国道308号は、大阪と奈良を最短で結ぶ高規格道路だ。バイパスは第二阪奈有料道路になっている。この有料バイパスと並行する形で、関西最上級と評される酷道区間が存在する。

　大阪側から走り始めると、近鉄奈良線のガード下を越えたあたりから急に道がおかしくなる。道幅があまりに狭いため、奈良県側からの一方通行になっていた。一方

暗峠の石畳の先は、道がないように見えた。道は急降下し、その先で急カーブしていた。

大阪から暗峠を目指すと、道幅が狭いためいきなり迂回を余儀なくされる。

急勾配区間を走る宅配トラック。宅配と郵便は、どんなに険しい山奥でも見かける。改めて、大変な仕事だと思う。

最大勾配37%を上る。走り屋ではなく、一般車両が残したであろうタイヤ痕が生々しい。先人の苦労が偲ばれる。

国道308号にもあった焼きオニギリ。錆びて完全に茶色くなってしまった国道標識を焼きオニギリと呼んでいる。

通行区間を迂回して国道に戻ると、道幅は1車線ギリギリしかなく、住宅の軒先をかすめるようにしてクルマが走ってゆく。対向車との離合はおろか、自転車や歩行者をかわすことすら困難だ。

また、路面はアスファルトではなく、急斜面特有のコンクリートで舗装されている。急斜面ではアスファルトを均一に固めることが困難で、コンクリート舗装が採用されることが多い。

住宅街を抜けると、一段と勾配が激しくなる。経験したことがないような上り坂だ。それもそのはず、最大傾斜は37%。100メートル進んだら37メートル高度が上がる計算だ。日本における公道の基準は最大勾配が12%なので、その3倍以上という驚異的な坂道だ。そんな猛烈な上り坂が続く。

県境の暗峠（くらがり）付近は石畳になっていて、風情はあるが、ガタガタして非常に走りにくい。峠には一軒の茶屋があって、一息つくことができた。これはありがたい。

暗峠から奈良県側へ下り始める。道は相変わらず狭いが、心なしか勾配は緩やかだ。斜面に建ち並ぶ住宅の間をすり抜けてゆく。生活道路にしか見えないが、時々国道標識が存在を主張している。坂を下り切り、しばらく走れば酷道区間は終わる。距離は短いが、とても長く感じる酷道だ。

2019年に開通した新しい酷道が、ここからはじまる。

国道482号〈氷ノ山越え 兵庫県〉

2019年に開通した最新酷道

道路は時代とともに改良されてゆき、原則として意図的に酷くなることはない。未整備のまま時代に取り残されてきた酷道も、少しずつ整備され、減り続けてきた。

しかし近年、酷道が立て続けに2本も誕生した。いずれもこれまで未開通だった区間が酷道として新規開通したものだ。2018年に開通した416号は、22ページから紹介している。2019年に開通したのが、482号だ。

兵庫県豊岡市から国道482号を走ると、しばらくは普通の2車線道路が続く。鳥取県が近づいてくると道路の様子が一変、狭隘路となった。新規開通した区間に入ると、舗装もガードレールもピカピカだ。〝大型車通行不能〟の看板が立っていたが、軽自動車でもギリギリの狭さだ。

県境の峠に設置されていた幅員狭小看板。これは脅しではなく、大型車は本当に通れないだろう。

頼りない路面だが、ピカピカ。

安定感のない路面にワクワクする。

ガードレールも真新しい。

舗装路が左右に凸凹している。

普通車は通れるのかという道幅。

県境の小代峠に到着。

自然との闘いを感じさせる。

災害により15年間通行止だった。

2018年に開通した416号は狭くても安定感があった。しかし、この482号は舗装こそ新しいが、道幅が一定ではなく、路面もデコボコしていて安定感がない。その理由は、道路を新設した416号とは異なり、昔からあった町道を利用したためだ。

そのため、線形は決してよくない。カーブの途中で角度が変わるので、ハンドルを切り直さないといけない。ピカピカなのに歪な道を走り、鳥取県との県境に到達した。ここから峠を下ると、すぐに2車線道路になった。この峠の酷道区間は10キロほど、そのうち6・4キロが新規開通区間だ。

酷道が新たに生まれるというのは、我々にとって一筋の光だ。道路は安全で快適なほうがいいに決まっている。しかし、それが楽しいとは限らない。刺激的で興味深い酷道が、今後も細々と残ってくれることを密かに願っている。

林の中に現れたカントリーサインと国道標識。

国道429号〈榎峠～高野峠 京都府・兵庫県〉

身近さを補って余りある林道風情の酷道

酷道区間の多くは、まるで林道のようだと形容されることが多いが、それを超える酷道があった。

国道429号は、岡山県倉敷市から兵庫県を経由し、京都府福知山市に至る全長250キロの一般国道だ。全線の多くが山間部にあり、酷道への期待値は大きい。

この日、早朝に岐阜の自宅を出発し、京都府福知山市から429号に入った。しばらくは普通の道が続いていたが、兵庫県との県境・榎峠が近づいてくると、ようやく酷道らしくなってきた。木漏れ日を楽しめる程度の、緩やかに酷い道が続く。

榎峠を越えて兵庫県に入り、高野峠に近づいてくると「この先幅員減少大型車通行不能」と書かれた看板が現れた。酷道によくある看板だが、これを見ると気持ちが高まってくる。

道幅は狭くなり、地形も険しくなってきた。榎峠とは違い、手に汗握る展開だ。しかし、酷道区間は短く、あっという間に高野峠に着いてしまった。いい酷道ではあるが、一つ一つの酷道区間は短い。物足りなさを感じながら、峠を下

高野峠
福知山
429
榎峠
津山
倉敷

通行不能

高野峠が近づいてきた。この先大型車通行不能の文字が、ワクワクさせる。

離合困難

丹波市から福知山市に向かうと、北近畿豊岡自動車道の下をくぐるあたりから酷道区間に入る。この先離合困難。

カーブ、そして狭隘路。緩やかに酷い道が続く。

高野峠のお地蔵様。ちょっとひっそりとした峠だ。

いよいよ酷道らしい景色になってきたが、こうした区間は実は短い。

国道上で作業…

そして見えてきたのは……これはもう、林道っぽいとかではなく、完全に林道だ。

っていた。

　すると、国道の本線上に重機が居座り、木を伐採していたのだ。道路上には、伐採した際に出たと思われる木の枝や破片が大量に落ちている。天下の国道だというのに、これはもう林道にしか見えないどころか、林道そのものだ。

　興奮しながら重機の脇を通過する。この他にも酷道区間が存在するが、おいしいところを全部この重機に持っていかれてしまった。

農道へ迂回を促されるという、国道にとっては屈辱的な標識。

国道184号〈飯南町周辺〉島根県

国道は通るな！　農道を行け！

島根県出雲市を起点に広島県尾道市に至る国道184号。総延長136キロのうち、酷道区間は島根県飯石（いいし）郡飯南（いいなん）町内の8キロほどの区間に限られる。

酷道の良し悪しは、状態の酷さだけではなく、酷道区間の距離や人家の有無、携帯電話の電波状況などを総合的に判断する。国道157号にかつて存在した〝落ちたら死ぬ！〟のような名物看板の存在も、大きな要因となり得る。

この184号は酷道区間の距離が短く、道路の状態だけでいえば少々物足りない酷道だ。それを本書で取り上げたのには、ある標識の存在があったからだ。

広島県側から走っていくと、他の国道との重複区間が長く続く。酷道になりがちな県境は国道54号と重複しており、赤名峠をトンネルで難なく越えてゆく。飯南町で54号から分かれ、久々に184号の単独区間に入った。

2車線の国道を走っていると、飯石ふれあい農道と交差するのだが、農道側が優先になっており、国道側が一時停止となっている。農道を横切ると、そこに目を疑う

出雲
飯石ふれあい農道
飯南
三次
184
尾道

この先の酷道区間を予告してくれる看板。これを見ると気持ちが高まる。

しばらくは1.5車線程度のなだらかな酷道が続く。

丸山トンネル付近

路面に描かれた幅員減少のマーク。距離は短いが、本気の酷道が待っていた。

1.0車線の酷道区間を過ぎて県道325号と合流すると、2車線の快走路となる。

案内標識が立っていた。
「この先道路が狭くすれ違い出来ません。カーナビの案内にかかわらず、右折して下さい。」

案内標識には、直進するとNAVIの上に×印、そして右折して農道と県道で迂回するよう記されている。国道の尊厳を踏みにじるような看板は、酷道好きにはたまらない。私はもちろん迷わず直進する。

しばらくは可もなく不可もなくといった1・5車線の山道が続く。酷道が本気を出すのは、丸山トンネルを越えてからだった。ついに対向車とすれ違うことができない幅員となったが、距離は短い。それでもこの酷道が輝くのは、案内標識の魅力が大きいからだ。

集落を抜け、山に入ってゆく酷道。

酷道
433
ROUTE

国道433号〈二重谷峠・七曲峠〉広島県

酷な要素がたくさん詰まった表情豊かな酷道

酷道への出発前夜、岐阜でレンタカーを借りた時、ハプニングが発生する。予約していたコンパクトカーが用意できなくなり、サービスでランクアップされていた。自慢げに「プリウスでご用意させていただきました！」と言われたが、酷道に最も不向きなクルマといえるだろう。

翌朝、広島県三次市に到着した。目指しているのは、国道４３３号だ。広島県内で完結する延長１００キロほどの比較的短い国道だ。

江の川に沿って、国道３７５号との重複区間を走る。対岸には、２０１８年春に廃線になったばかりのＪＲ三江線が見える。３７５号と別れて集落を抜けると、いきなり車線が極端に狭くなった。プリウスでギリギリの道幅しかない。

ここから山間部に突入すると、路面状態も酷くなった。プリウスだけに、落石や木の枝などを簡単に引っかけてしまう。度々クルマを降りては障害物を撤去する羽目になった。しかし、落石を除ける作業は、それはそれで楽しい。

加計付近からは2車線の快走路が続き、このままゴールかと思い

見たことがないようなヘアピンカーブ。内側には立木が密集していて、見通しが悪い。

川沿いだがガードレールはない。高さはないので落ちても死ぬことはないだろうが、心もとない。

国道の先に広がるのどかな山村は、まるで絵画のようだ。のんびり急がない酷道の旅を、こうした風景が彩る。

広島県の特徴なのか、各集落で独特な石垣が見られた。内陸部にしては珍しい気がする。

廿日市市に近づいてくると、瀬戸内の絶景が待っていた。

枯葉ではなく緑の葉っぱが路面を覆い尽くしていた。

左の細い道が国道本線だ。分岐路は、だいたい細い方が国道。

きや、最後の難関・七曲(ななまがり)峠が待っていた。道幅は狭いが、瀬戸内海も見えてテンションが上がる。

この433号は、道の酷さもさることながら、表情がとても豊かだ。峠は石垣の立派な切通しになっていたり、絵に描いたようなヘアピンカーブがあったりする。何時間も走り続けているというのに、全く飽きを感じさせない。国道433号は、そんな素敵な酷道だった。

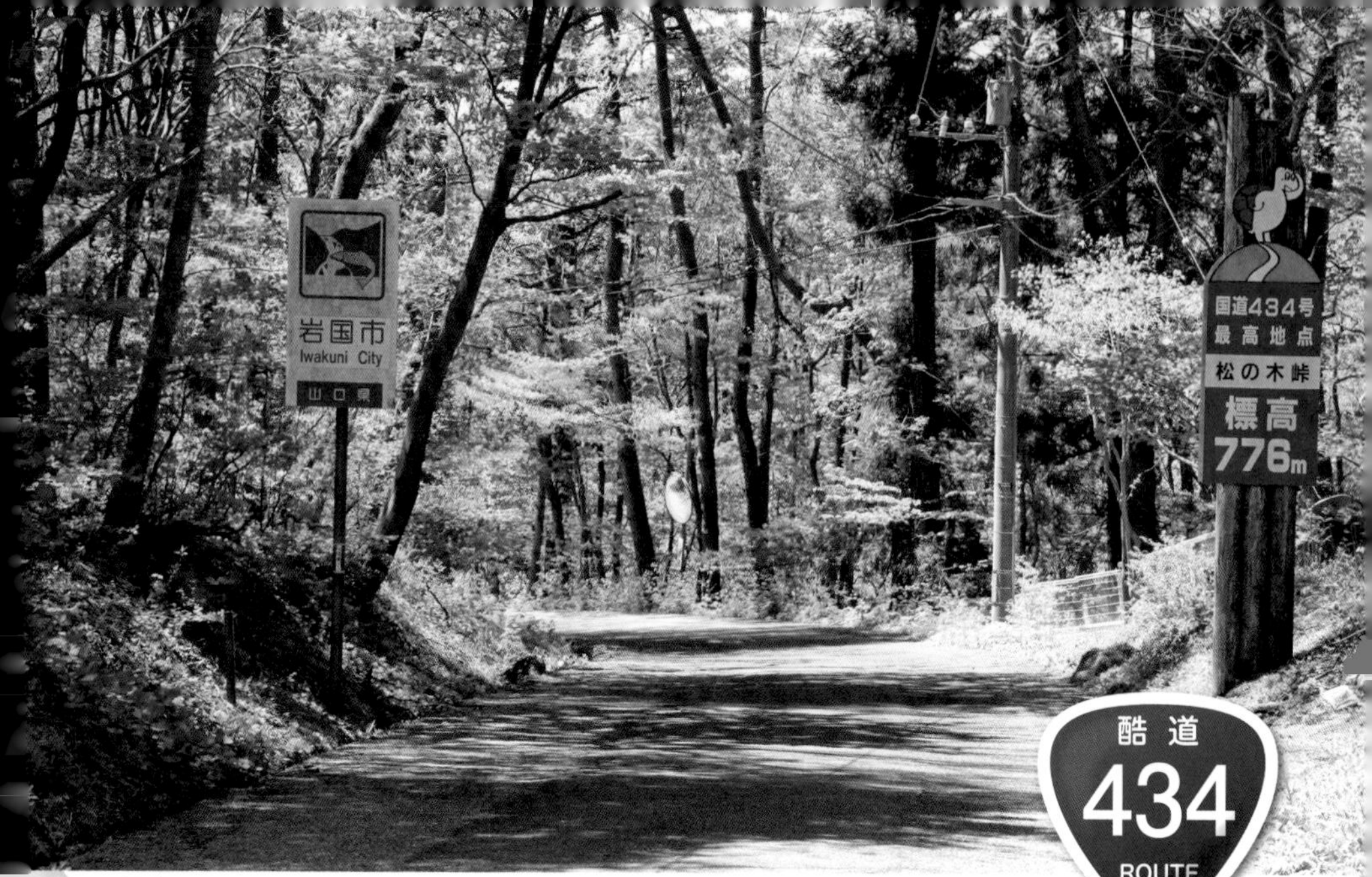

酷道
434
ROUTE

標高776mの松の木峠。国道433号等との重複区間が多く、この先の区間が434号のハイライトだ。

国道434号〈松の木峠 広島・山口県境〉

酷道区間も他路線との重複区間多し

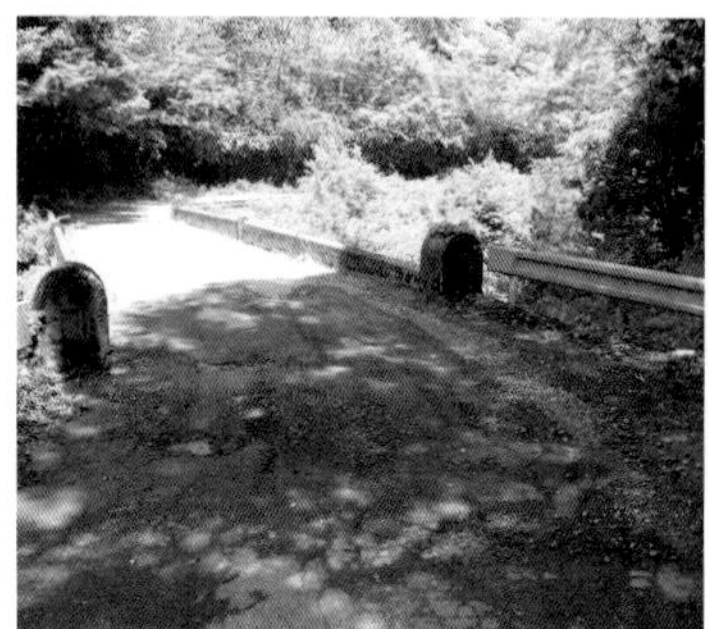

途中、アスファルトが大きく剥がれている箇所もあった。

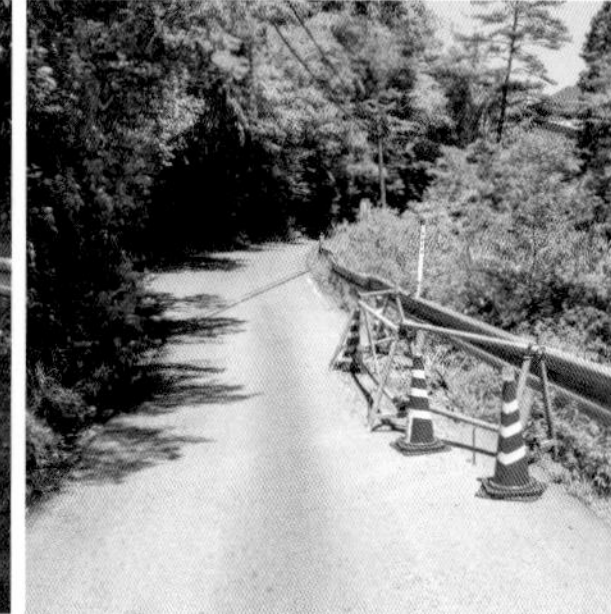

狭隘区間の一部で路肩が崩れており、大型車規制がかけられていた。

国道434号は、山口県周南市から広島県三次市に至る延長170キロの一般国道だが、その多くが他の国道との重複区間だ。単独区間は総延長の3分の1程度に過ぎない。存在意義があるのかという点も含めて、ある意味特殊な国道といえるだろう。

酷道区間も、その多くが国道433号と重複している。重複区間は、本書では国道433号の項

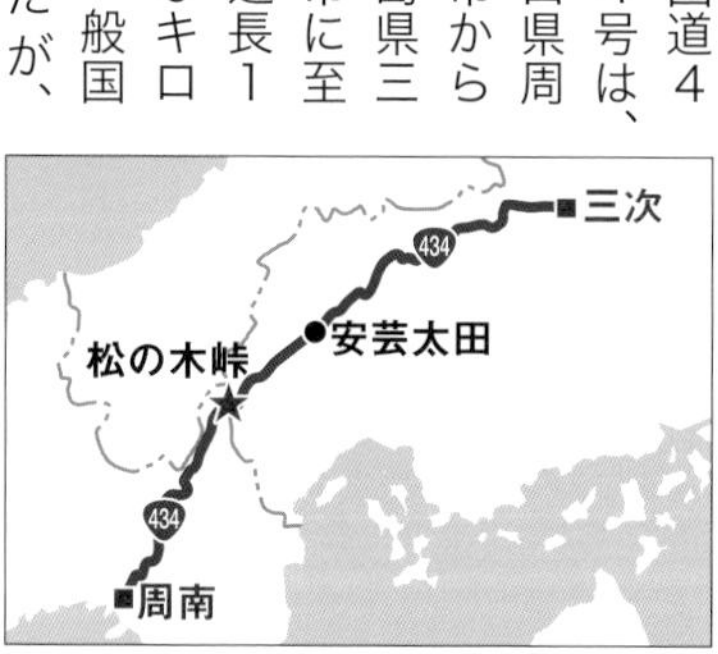

赤い石州瓦の間を走る。

松の木峠付近には、なぜか鉄道の信号や踏切が放置されている。

でご紹介しているので、そちらをご参照いただきたい。

では、単独区間の酷道はというと、広島と山口の県境にある松の木峠の山口県側に限られる。広島県側から走っていくと、松の木峠まで何ら問題のない2車線の道が続いているが、県境付近でいきなり酷道となる。

途中、路肩が崩落している箇所もあり、酷道区間は短いが運転には注意が必要だ。

酷道
488
ROUTE

中国山地の厳しさが体感できる酷道だ。

国道488号〈匹見峡 広島県・島根県〉

中国地方には珍しい冬季通行止めの酷道

匹見峡（ひきみ）という景勝地をご存知だろうか。広島との県境にほど近い島根県の山間部に位置し、匹見川の流れによって浸食された深い峡谷が、ダイナミックな景観を作り出している。そんな匹見峡へのアクセス路となっているのが、国道488号だ。

488号の匹見峡区間は本当に過酷な道で、中国地方にしては珍しく冬季閉鎖される。以前、冬季閉鎖の直前に訪れたことがあるが、既に積雪が深く、雪の重みでクルマが前に進まなくなってしまった。2008年には、近くのスキー場で遭難した人たちが、翌日になって488号線上で自衛隊に救助されるという出来事もあった。

早速、広島県から488号を北上するが、スタートして早々「18㎞先全面通行止め」という無情な看板が立っていた。まだ18キロも先の話なので、とりあえず進むことにしよう。

十分に酷い道を楽しみながら県境を越え、島根県に入ると、右手に廃校が見えてきた。2008年の遭難事故の際、遭難者が夜を明かした広見小学校跡だ。気になる

益田（横田町）
488
吉和
488
廿日市

匹見峠に入る手前から、既に路面状態が怪しい。

18kmも先の通行止めを教えてくれるのはありがたい。行ってみると意外と規制していなくて通れてしまうこともある。

匹見峠に到着。規制区間はまだ先のようだ。

4時間かけて迂回し、ゲートの反対側までやって来た。

険しい区間をクリアしたと思ったら、無情のゲートが……。

広島県側もたいがい酷いが、島根県側も負けず劣らず酷い。ホンダ・フィットでギリギリの道幅しかなく、崖下に向かってガードレールはない。

冬季閉鎖の直前に来た時、豪雪に見舞われた。物理的に進める限りは進みたいので、積雪を押しのけながら走ったが、峠を越えることは叶わなかった。フィットの除雪性能は証明された。

場所には全部立ち寄るのが我々の旅のスタイル。足早に探索を済ませ、先を急ぐ。

　すると、予告通り全面通行止めになっていた。分かってはいたが、ひょっとしたら通れるんじゃないかという甘い期待もあった。ガチガチの施錠ゲートによって、期待は脆くも崩れ去った。結局、この1枚のフェンスの向こう側へ行くために、4時間を要した。酷道の旅とは、本当に過酷なものだ。

国道490号〈笹目峠 山口県〉

走って欲しくなさそうな、改良進行中の酷道

セメントの産地である山口県宇部市から、萩焼で有名な萩市までを結ぶ国道４９０号。山口県を縦断する道路は、県内でも重用されているのかと思いきや、実はとんでもない酷道区間が存在する。

秋吉台から快適な国道を北上していると、交差点に差しかかった。これまで同様、２車線の快走路が目の前に続いているが、直進すると県道32号に入ってしまう。国道を走り続けるには、左折しなければならない。

左折した先には、山口県が設置した大きな看板がデカデカと立っていた。この先、道幅が狭く、乗用車でも通行が困難である旨が記され、文末には「お急ぎとは思いますが　Uターンをして県道32号の通行を御勧めします」と書かれている。国道をUターンしてまで県道に迂回しろというのだから、これは尋常ではない。

期待に胸を膨らませ、Uターンせずに直進する。進んでもなお、全く同じUターン看板が再び設置されていた。その先には、さらにもう一つ設置されていた。どれだけこの道を走らせたくないのだろ

萩
笹目峠
490
490
宇部

うっすらと雪化粧した酷道をゆく。

県道308号との交差点。左の狭い方が国道だ。

積雪で、酷道はさらに狭くなる

宇部から秋吉台を経てしばらくは快走路が続く。

うか。

慎重に運転していると、県道３０８号との交差点に差しかかる。県道のほうが国道よりも道幅が広い。なんだか、納得がいかない。

その後もしばらく狭隘路が続くが、そう長くはない。酷道区間が短いだけに、高規格化する計画が既に事業化されている。いずれ、酷道は失われてしまうだろう。

「いつまでも　あると思うな　親と酷道」

この言葉を噛みしめながら、今後も酷道を走り続けたい。

秘境らしい雰囲気が漂う貴飯峠。

国道491号〈貴飯峠 山口県〉

プリウスの幅ギリギリ 1車線酷道

酷道と一口にいっても、様々な酷さがある。幅員の狭さ、路面の荒れ方、標高の高さ、法令的な冷遇など、挙げれば次々と出てくる。なかでも王道ともいうべき幅員の狭さでトップクラスを誇るのが、国道491号だ。

491号は山口県下関市から長門市に至る一般国道で、県西部を南北に延びている。山口県内のみで完結する延長50キロほどの短い国道だ。酷道区間は2カ所あり、下関市から北に向かって走っていくと、まずは貴飯峠（きばだお）が待ち構えている。峠に差しかかると、急激に幅員が減少する。2車線が1・5車線になったかと思うと、あっという間に1・0車線になる。プリウスでギリギリの道幅しかない。嬉しいことに、貴飯峠を越えても道の状態は酷いままだ。

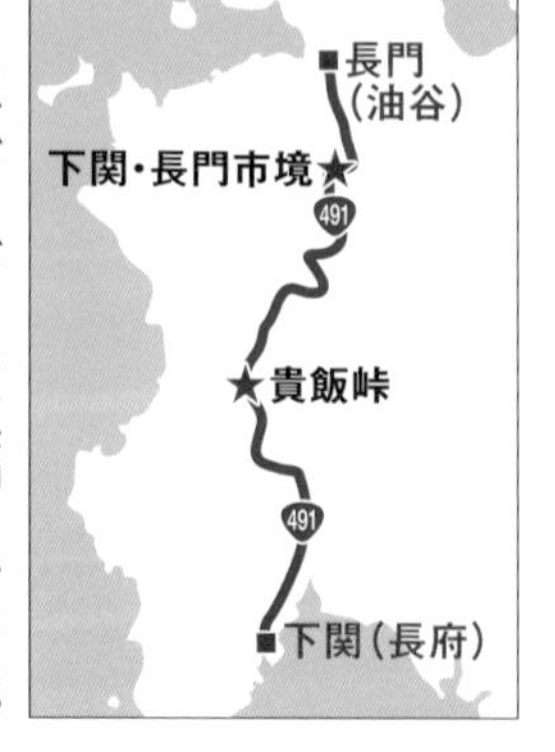

峠を下ると、しばらくは2車線の快走路となり、次に酷道区間が現れるのは下関市と長門市の境界付近だ。こちらも、2車線だった道が一気に1・0車線に変貌する。先ほどの貴飯峠は「大型車通り抜けできません」と書かれていたが、こちらは「大型車通行困難」とな

長門市付近は国道の改良工事も進行中で、訪問のタイミングによっては通行止めになっていることもある。

長門市の道路標識は、全体的に口数が少なすぎて、何を言いたいのか全く伝わってこない。

プリウスには少々過酷な道のりが続く。幸いなことに、対向車はほとんど来なかった。

っている。困難であって通行できないことはない、と解釈すれば、幾分マシな道が待っているということだろう。

確かに、幅員はいくらか広い気がするが、路面状態が酷い。小さな落石が転がり、落ち葉と木の枝が路面を覆い尽くしている。いずれにしても、酷い道だ。

長門市に抜けると、夕暮れ時が迫っていた。急いで元乃隅稲成（もとのすみいなり）神社に参拝し、帰路についた。

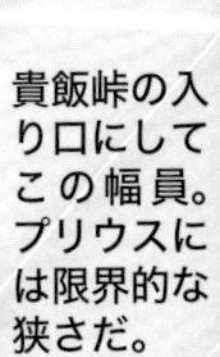

貴飯峠の入り口にしてこの幅員。プリウスには限界的な狭さだ。

酷道
193
ROUTE

四国山地を越える断崖国道。

国道193号〈未開通区間〉徳島県

川沿いの断崖。目の前に立ちはだかる岩の壁

現役の国道としては非常に珍しい素掘りトンネル。山肌を縫うように伸びる細い道。そんなワクワクする酷道が四国にある。国道193号・通称イクサだ。

徳島県側の国道195号との分岐から北上すると、川に沿って狭い道が続く。山が近づくにつれて上り坂が激しくなり、いよいよ林道にしか見えなくなってきた。

その先で、道路中央に大きな岩の壁が出現した。その岩にはクルマ1台が通れるほどの小さな穴が開いている。素掘りの「大釜隧道」だ。トンネルを抜けても、とんでもない道が続いていた。切り立った岩場に張りつくようにして、細く頼りない道が伸びている。

国道は分断区間でいったん県道253号となるが、道の状態に大差はない。山を下って久々に民家が見えてくると、これでイクサから解放されたという、まさに戦を終えた安堵感に包まれる。

国道193号でイクサを終えると、国道438号にぶつかる。なんだかちょっとホッコリする。

国道同士の交点

徳島県名西郡神山町で四国を代表する２大酷道が交わる。

酷道区間では、このような道が続く。

素掘り隧道

素掘りの大釜隧道。現役の国道でありながら、掘りっぱなしの素掘りトンネルというのは非常に珍しい。

旧 道

長安口（ながやすぐち）ダム付近では旧道が残っていた。2車線の立派な道に見えるが、現道よりも低い位置にあり、トンネルは閉塞されている。

集落を貫く国道は、生活道路にしか見えない。

国道438号〈見ノ越へ〉 香川県・徳島県

「ヨサク」の弟分もかなりの曲者だった

四国の酷道といえば、国道439号・通称ヨサクを連想される人が多いだろう。そんなヨサクの影に隠れるように、魅力的な酷道が存在する。それが、国道438号だ。439号と数字も1番違いだが、両者の重複区間も存在する。

瀬戸大橋を渡り、香川県坂出市から早速438号に入る。目指すは、徳島県三好市のヨサクとの合流地点だ。この時点で、既に夕暮れ時が迫っていた。

市街地を抜けても、緩やかな道が続く。438号が本気を出してくるのは、つるぎ町市街を抜けてからだ。しばらくは集落が点在するが、既に酷い。民家の軒先をかすめるようにして走る。

幾つかの集落を抜けていると「自衛隊道路」という石柱が立っていた。自衛隊の業務の一つに、土木工事の受託があり、道路整備も行っている。訓練も兼ねたものだが、岐阜県の乗鞍スカイラインや秋田県の男鹿半島循環道路も、自衛隊が造った道だ。

本格的に山道になってくると、周囲が薄暗くなってきた。急いだ

坂出
438
つるぎ
徳島
438
神山
剣山

国道439号・ヨサクとの分岐点に到着。剣山の標高が高い場所で二つの国道が交差しているのも不思議だが、酷道ならではだろう。

美馬橋で吉野川を渡ると、いよいよ酷道区間が近い。

少しの間、吉野川に沿って走る。交通量が多い。

断続的に集落が現れる。ここが剣山ルート最後のGS（ガソリンスタンド）だ！

間もなくヨサクとの合流地点。思いのほか走破に時間がかかった。

山に入ってからも、こうした緩やかに酷い区間も多い。

目指していた合流地点には着いたが、暗くなってきた。この先も酷道が待っている。

ほうがよい状況ではあるが、急げないのが酷道だ。

ヘアピンカーブが連続し、それぞれにナンバーが割り振られている。「第一ヘヤーピン」という表記にこだわりを感じたが、第二以降は「ヘヤピン」となっていて、少々ガッカリした。

なんとか日没前にゴールできたが、旅はまだ終わっていない。この後、真っ暗になった酷道を何時間も走る羽目になった。

酷道 319 ROUTE

国道319号〈銅山川沿い 愛媛県〉

瀬戸内から一つ山を隔てた川沿いの細道

愛媛県の内陸部をゆく国道319号。

国道３１９号は、香川県坂出市から愛媛県四国中央市までの比較的短い国道だ。起点と終点はいずれも瀬戸内海に面しているのに、国道３１９号は海岸線から遠ざかり、山間部を通過している。沿道には都市部も多いが、わざわざ遠回りして山を通るルートのおかげで、香ばしい酷道が存在している。

坂出市からスタートすると、全く酷道要素がない国道32号との重複区間を走り続ける。三好市で国道32号と別れると、いきなり〝この先大型車通行困難〟の看板が現れ、テンションが上がる。

集落を過ぎるとセンターラインが消えた。ここから30キロほど、銅山川に沿って酷道が続く。短い国道なのに、酷道区間が長いのは嬉しい。

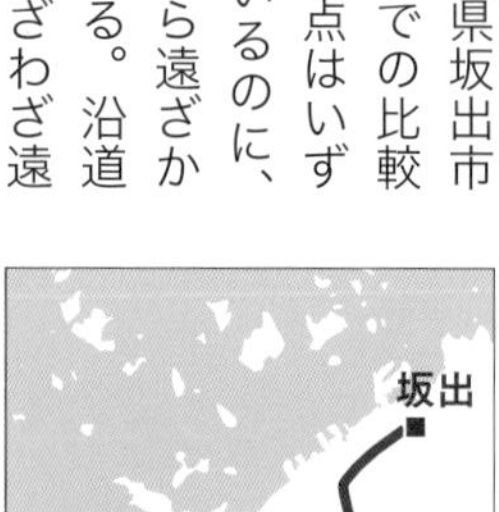

対向車とすれ違うことは不可能で、車の左右に余裕もない。木々で日光が遮られ、鬱蒼としている。ガードレールは本当に危険な箇所にだけ設置されている。

新宮の街を過ぎても、まだ酷道は続く。軽自動車でも余裕がないと思っていたが、前方からダンプカーがやって来た。なんとかやり

そして、まさかのダンプカー！

ここで対向車が来たらイベント発生。

路面には木の枝などが散乱している。

沿道に見られる興味深い廃屋の数々。

過ごしたが、ダンプカーが通れることに衝撃を受けた。

沿道には、集落の跡も見受けられた。旅館と思しき木造の建物が原型を留めているが、それ以外は朽ちている。石積みだけになった平地を眺めながら、どのような暮らしをしていたのか、妄想する。酷道も廃墟も、妄想している時間はとても楽しい。

平野橋で銅山川を渡り、法皇トンネルを抜けると、楽しかった酷道も終了だ。この先に四国中央市を一望できる展望台があった。具定展望台は恋人の聖地に認定されており、カップルだらけだった。そこにおっさんが一人。最後の最後で、精神的な酷道が待っていた。

銅山川３ダム

銅山川はこの三つのダムで取水され、山を越えて瀬戸内の四国中央市の工業、水道、灌漑用水を担っている。

新宮ダム

柳瀬ダム

富郷ダム（国道沿いではない）

異常気象時通行規制区間を示す看板は、酷道を強く予感させる。

国道493号〈四郎ヶ野峠 高知県〉

ズドーンと改良されてしまう運命の酷道

高知県の海沿いを走る国道55号は、途中、室戸岬の地形に沿って一旦大きく南下してから北上する。それに対して国道493号は、室戸岬をショートカットする形で直線的に東進している。

国道493号を走るため、まずは高知市から国道55号を走ってきた。安芸郡奈半利町でようやく単独区間に入るが、まだ酷道にはならない。地域高規格道・北川奈半利道路として整備されている。現在の終点、柏木ICの先が、待ちに待った酷道区間だ。

高規格道路を降りると、いきなり酷道となった。展開が早い。所々で北川奈半利道路の延伸工事が行われている。今走っている酷道区間も、何年か後には酷道ではなくなっている可能性が高い。酷道は一期一会。会いたいと思った時に訪ねておかないと、二度と会えなくなるかもしれない。

真新しい立派なトンネルを抜けると、急激に道が細くなった。改良工事中の酷道ではよくあることだが、慣れていないとビックリするだろう。近い将来、この先は立派な橋が架かるようで〝ズドーン

四郎ヶ野峠
493
東洋
奈半利
室戸岬

酷道へ　国道から

求めていたのはこの狭さ！

ズドーンと

改良の波が迫りつつある。

ズドーンと橋ができるぜよ。思わぬところで高知らしさを感じた。

四郎ヶ野峠

と橋ができるぜよ”と書かれた看板が立っていた。

　本格的な酷道をワクワクしながら走っていると、最大の難所・四郎ヶ野峠に到達。ここには休憩所とトイレも設置されている。人家が全くない場所なので、トイレがあるのは嬉しい。しかし、トイレの屋根の上には、草だけではなく大きめの樹木まで生えていた。

　峠を下り、さらに10分ほど走ると国道55号と合流して終点となる。体感として、ショートカットしたとはまるで思えなかった。時間的なショートカットにはならないが、映えるトイレを見るため、この酷道を訪ねてみるのもいいだろう。

左が国道、右が農道。この程度の狭さは序の口だ。

国道439号〈京柱峠・杓子峠 徳島県・高知県〉

四国山地を貫く山岳酷道の代名詞

日本三大酷道のしんがりを務める「ヨサク」こと国道439号は、メディアでもたびたび取り上げられる楽しさ満載の山岳酷道だ。

東端の徳島駅前から剣山までは国道438号と重複している。佐那河内村と神山町の境では、旧道にある大正時代のトンネルを通ってみたい。美馬市に入ると、標高1410メートルの沿線最高地点、見ノ越へ一気に駆け上がる。ここからリフトに乗れば1時間で剣山に登頂できる。438号と分かれて祖谷川を下りながら、奥祖谷の二重かずら橋や観光周遊モノレールに立ち寄るのも楽しい。その先には439号のハイライト、標高1123メートルの京柱峠が待ち構える。近年まで未舗装だった峠道はまさに羊腸の小径。峠からの眺めは四国を手中に収めたようだ。

大豊町の国道32号から仁淀川町までは2車線の快走路だ。「四国のいのち」早明浦ダムを見学し、郷ノ峰トンネル旧道や新大峠トンネル旧道を訪ねれば、近代土木の偉大さを体感できる。

矢筈峠を越えて津野町に入ると、

徳島
439
京柱峠
剣山
大豊
439
杓子峠
四万十

左：四国交通バス祖谷線の終点、久保バス停。阿波池田駅から110分、超絶テクニックで祖谷渓の酷険道を駆けるエンターテイニングなバス路線だ。／右上：京柱峠アタック中、突如現れる重量制限。／右下：四万十町と四万十市を隔てる杓子峠。北から来ればここが最後の酷道区間となる。

しし肉うどんが名物だった京柱茶屋。2017年に閉店した。

「かかしの里」として有名になった名頃集落。夜は驚く。

京柱峠。東に徳島県、西に高知県を見渡す絶景スポット。

重要伝統的建造物群保存地区「天空の村」落合集落に寄り道。

改良進行中…

高知県津野町の北川集落。山里の暮らしが垣間見える。

ヨサクは再び牙をむく。ここまで来たドライバーは、もはや酷道に快感を覚えているはずだ。梼原（ゆすはら）川に脳汁を垂れ流しながらひた走り、土佐大正駅で予土線に出会う。そして最後の難関、杓子（しゃくし）峠に挑む頃には、これを越えたらヨサクともお別れか……と禁断症状が現れる。348・9キロを走破したあなたは立派な酷道ジャンキーだ。

なお筆者は本路線の取材に途中2泊を要した。山中では燃料補給も難しく、事前の計画が重要だ。

池川村道路元標を横目に494号（奥）に入ってゆく。

国道494号〈黒森峠 高知県・愛媛県〉

商店街も峠も狭い国道

酷道の数は、地域によって偏りがある。全国的にみても、酷道が集中している地域の一つが四国だ。急峻な四国山地を抱えていて平野が少ないという地形的要因に加え、大都市圏に比べると人口が少なく道路整備が行き届きにくいという事情もある。

四国は何度も訪れているが、いつも国道439号（通称ヨサク）に目を奪われがちだ。ヨサクから分岐するこの国道494号は、通る度に気になっていたが、時間の関係でいつもスルーしていた。今回は高知県吾川郡仁淀川町のヨサクとの交差点から、国道494号へと進行してみる。

ヨサクとの交差点から北へ向かうと、商店街になっている。道幅は1・2車線ほどで、昔ながらの雰囲気が残り、いい情緒が漂っている。

その後は本格的な酷道となり、標高985メートルの黒森峠へと向かってゆく。この道はサイクリングロードになっていて、道路の左端に専用の表記があるが、道幅が狭くなると、しれっと表記がなくなる。急勾配と急カーブが連続

松山
494
黒森峠
仁淀川
494
佐川
須崎

商店街を過ぎると、いきなりこのような道幅になった。この先が思いやられる。

高知県吾川郡仁淀川町の桧谷八所（ひのきだにはっしょ）神社付近。この先、急カーブが連続し、徐々に峠道になってくる。

サイクリングロードらしいが、とても安全に走れる状態ではない気がする。

防護ネットに大量の落石が貯まっていて、落石注意の説得力が半端ではない。

集落と林野部を繰り返し、黒森峠に近づいてゆく。この道幅は酷い。

黒森峠から少し松山方向へ行ったところにあるビュースポット。

この境野隧道を抜けると、高知県から愛媛県に入る。

標高985mの黒森峠に到着。交通量は少ない。

峠からの下り道。幅は狭いがガードレールがあって路面状態もいい。

峠を下り街が近づいてくると、道路も2車線になった。

する狭険路で自転車が対向してきたら、クルマからすると非常に怖い。実際、峠を抜けるまでの間、休日だというのに自転車を見かけることは一度もなかった。

長い峠道を下ると、愛媛県東温（とうおん）市の郊外へ出る。これより先は高規格な道が続く。そして、ここにきて初めて1台の自転車とすれ違った。これから黒森峠へ向かうと、どこかで日没を迎えるだろう。自転車の無事を祈るしかない。

直角にカーブし、丘を上っていく。これでも国道だ。

酷道
441
ROUTE

国道441号〈全線〉愛媛県・高知県

断続的に「酷道」が散りばめられたルート

酷道を走破する方法は、人によって様々だ。酷い区間だけを走破すれば満足する人と、国道の起点から終点まで全区間を走らないと気が済まない人がいる。私は前者で、酷道を走ることを目的にするのではなく、目的地に行くために酷道を利用したいと思っている。

しかし、この日は珍しく国道441号を全線走破するべく、愛媛県大洲市を訪れていた。終点の高知県四万十市を目指して走り始めるが、大洲市郊外で早くも酷道状態となった。複雑な線形の丘を越えると2車線に戻るが、野村町の市街地を抜けると再び酷道と化した。ここから峠を登り始める。

山頂付近には、とてもいい雰囲気の「土屋トンネル」がある。トンネルの手前にオニギリもあったので、休憩を兼ねてクルマを停める。

トンネルを抜けると、道幅こそ狭いが、路面状態は非常によくなった。ヘアピンカーブの内側にあった林は伐採され、見通しがよくなっている。運転しやすいが、酷道としてはやや物足りない。

峠を下って北宇和郡鬼北（きほく）町に入ると、急斜面に張りつくようにし

大洲
441
土屋トンネル
鬼北
441
四万十

野村町の峠を上りながら振り返ると、これまで走ってきた道がよく見える。

愛媛県北宇和郡鬼北町近永の市街地をゆく。昔ながらの商店街が国道になっている。

走り始めてまだ大洲市から出ていないというのにこの状況。まだまだ先は長い。

このヘアピン

カーブはきついが舗装は新しく、見通しもよく整備されている。

両サイドから植物が侵食してきており、プリウスでこの状態。

峠を上りきったところに立っていた野村町のオニギリ。このすぐ先には、土屋トンネルがある。

鬼北町大宿にあった、これまでに見たことがない立派過ぎる石積み。

土屋トンネル

石積みの上に廃車体が置かれ、活躍したクルマの最後を飾るステージのようだ。

て家々が建ち、立派な石垣が築かれている。これまで見たことがない独特な風景だ。

その後、快走路と狭隘路を繰り返しながら峠や集落を抜けてゆく。峠の山道もいいが、集落の生活道路と化した国道の風景も格別だ。

高知県に入ると、四万十川に沿って走ってゆく。夜の帳が下り始めた頃、ようやく四万十市に入った。しかし、終点までは、まだ20キロ以上ある。結局、ゴールした頃には真っ暗になっていた。

ちなみに、高知県には四万十市とは別に四万十町という自治体がある。さらに、四万十市内に四万十町という地名があり、非常にややこしい。

段々のみかん畑と青空をバックに、海を眺めながら最高の酷道ドライブ。

国道378号〈宇和海沿い〉愛媛県

リアス式海岸を丹念にたどる、美しの酷道

国道378号の特徴は、なんといっても海沿いをずっと走ることだ。愛媛県伊予市から宇和島市まで、八幡浜市街を除いて、ほとんどの区間が海岸線に沿うようにして伸びている。

伊予市の起点からスタートすると、JR予讃線と並行して2車線の快走路が続く。この区間も以前は酷道だったが、海を埋め立てて立派な国道に生まれ変わったのだ。

並行するJR予讃線には、かつて日本一海に近い駅といわれていた下灘駅がある。近年、映えスポットとして一躍人気になった駅だ。378号の酷道を解消する際、海を埋め立てて道路を造ったため、道幅の分だけ海が遠くなり、下灘駅は日本一海に近い駅ではなくなってしまった。

そんな酷道のルーツでもある下灘駅に立ち寄ってみると、若者や家族連れでごった返していた。ホームのベンチは順番待ちで、駅前には映えるドリンクを販売するショップまで開店している。一人旅でふらっと訪れた昔の雰囲気は皆無だった。

伊予
下灘駅
378
八幡浜
宇和海
宇和島

八幡浜市街を過ぎ、再び海が見

下灘駅

海

海

海

海

海

海

えてくると、酷道区間が始まる。センターラインのない細い道、すぐ横は海、背後はみかん畑、空は晴れ。漁港と段々畑の組み合わせは、いかにも愛媛らしい。そして、そこに伸びている細い道は、ただの道ではない。国道だ。

　港町を過ぎると、酷道は海沿いをひたすら走る。時おりアップダウンし、切り立った崖が現れたり、海を上から見下ろしたりもする。酷道は表情を変えるので、走っていて飽きることはない。海沿いの酷道を走ること2時間、宇和島の市街地が近づいたところで、酷道の旅は終わった。

　夏にドライブへ行くのなら378号。これで間違いないだろう。

カーブに外側にたたずむ謎多き蟹のオブジェ。

国道207号〈大村湾南岸 長崎県〉

「県道に進んで下さい」と言われてしまう酷道

長崎県の中央部に位置する大村湾は、山と島に囲まれており、一見すると大きな湖のように見える。大村湾の南岸に沿うようにして国道207号が伸びている。

国道34号との併設区間は片側2車線の立派な道路で、交通量も多い。単独区間に入ると、幅員減少の標識が現れた。標識には〝国道207は道幅が狭いので県道33に進んで下さい〟と書かれている。これは、国道の肩身が狭い。

いよいよ酷道かと思ったが、思いのほか快適な道が続く。やや高い位置を走るため、大村湾を見渡すことができる。また、反対の山手側にはみかん畑が広がっている。急斜面に張り付くように、小さな畑が何段にも連なっている。海と段々畑。ドライブには最高の場所だ。

佐賀
207
諫早
時津

しかし、肝心の酷道が現れない。おかしいと思い車を停め、地図アプリを確認する。かつては車1台がギリギリの幅員しかない酷道だったが、つい最近、拡幅工事が行われたようだ。目の前には、ピカピカの2車線道路が続いている。ガッカリしながらも、真新しい

予想外だった改良区間を過ぎると、いよいよ酷道区間に突入。

時おり集落を抜ける。丘の中腹を走るため、海を見下ろすことができて眺めがいい。

未改良区間が続く。

舗装路走っていると、ついに酷道が現れた。センターラインが消え、舗装は古び、道幅が一気に絞りこまれてゆく。頭上の木々が日光を遮り、昼間だというのに薄暗い。これだ。この雰囲気こそが、待ちに待っていた酷道だ。

急斜面のみかん畑や民家のすき間を縫うようにして走る。途中、詳細不明の蟹のオブジェを見たり、柑橘類の無人販売所で買い物をしつつ、酷道区間を走り終えた。

この207号、いずれは全線が高規格化され、酷道ではなくなってしまう日がくるだろう。景色もいいので、今のうちに走ることをお勧めしたい酷道の一つだ。

画像の中ほどを左右に貫いているのが国道207号だ。みかん畑の中を突っ切っている。

酷道区間の終盤にさしかかると、高度を下げ、海が近づいてくる。

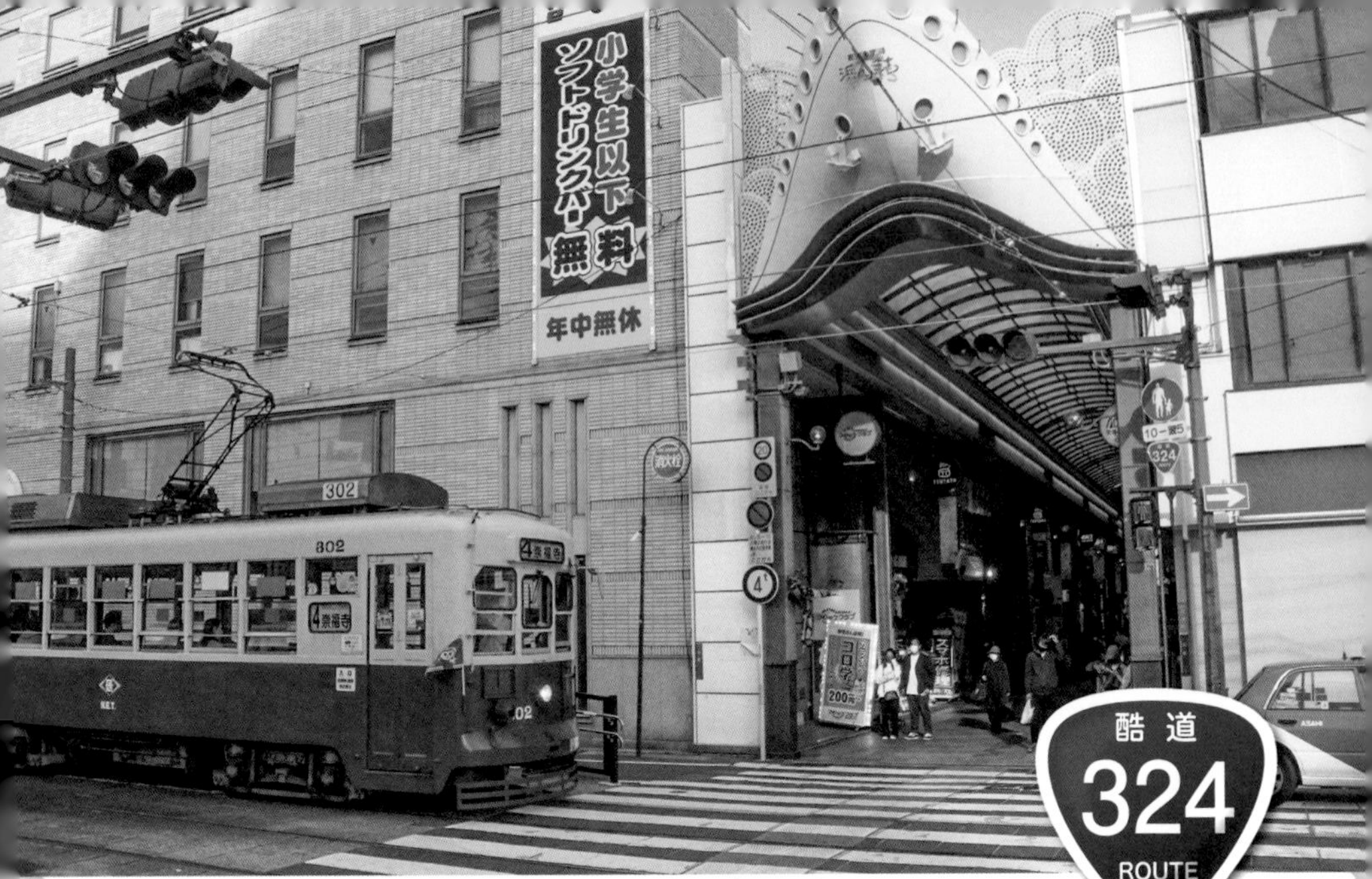

長崎市の繁華街にある浜町アーケード。この商店街が国道だ。

酷道 324 ROUTE

国道324号〈長崎市中心部〉長崎県

きちんとオニギリが立つアーケード国道

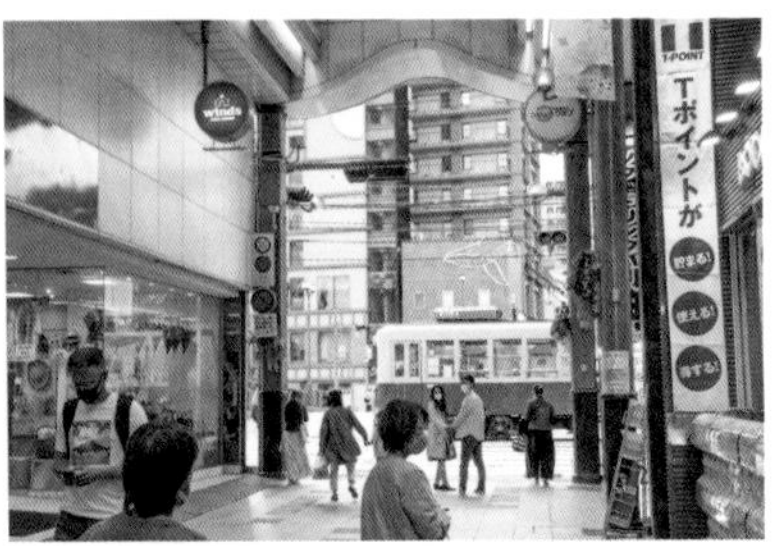

一歩アーケード内に入ってしまえば、ごく普通の商店街だ。路面電車が走っている道路風景も素敵。

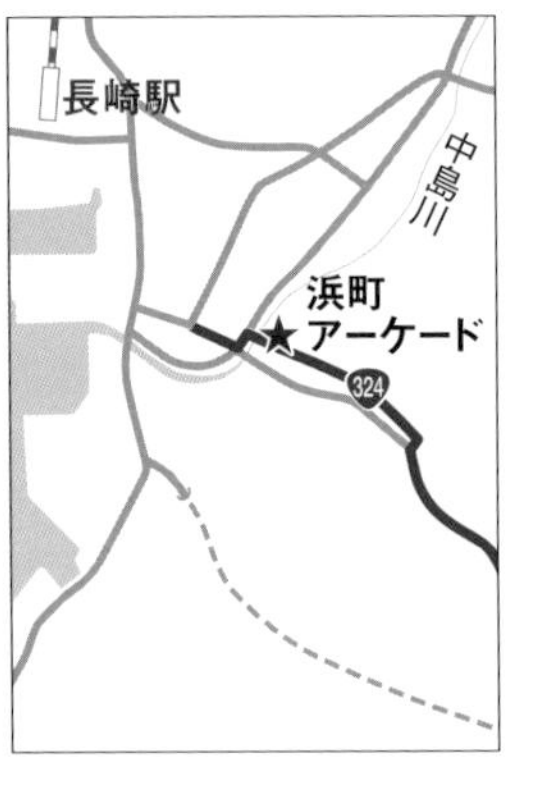

酷道といえば山間部の狭隘路が王道だが、街なかにも酷道は存在している。この国道324号も街なか酷道の一つで、大阪の国道170号と同じくアーケード商店街となっている。170号との最大の違いは、マニア心をくすぐるアレが設置されていることだ。

国道の始点、長崎市の目抜き通りからスタートする。中島川に架かる中島橋の直前、多くの車両は直進するが、国道本線は左折している。その直後に右折し、商店街となっているのだ。

商店街の入り口には、ここが国道であることを示す逆三角形の国道標識、通称〝オニギリ〟が堂々と掲げられている。酷道は、国道

路面電車の終着・崇福寺駅付近で大通りに合流し、普通の国道に戻る。

アーケードの反対側末端部。繁華街だけに人の往来が多い。

そして、こちら側にも国道標識が！オニギリがあるアーケード国道は日本でここだけ！

国道本線が左折するポイント。反対から来ると表記がない。

人の往来が激しい浜町アーケード。駐車禁止標識の但し書きが長い。

なのに酷い道だからこそ面白い。それだけに、オニギリの存在価値はとても大きい。オニギリは、酷道マニアの大好物だ。

浜町アーケードの商店街は、ここが国道であることを除けば普通の商店街だ。商店街の区間は、午前10時から翌日の午前5時まで、歩行者専用道路となる。車両が通行できるのは午前5時～10時までの5時間に限られる。

400メートルほどでアーケードは終了する。そして、振り返ると、やつはいた。オニギリだ。これは嬉しい。

アーケードは終了したが、実はこの先にも魅力的な酷道が続いている。車両は反対方向からの一方通行ということもあってか、本線が右折するのに表記がない。このあたりのゴチャゴチャした感じも、とても魅力的だ。国道324号を訪れる際は、アーケードで終わらず、その先もぜひ見て頂きたい。

やっとの思いでたどり着いた二本杉峠。

国道445号〈二本杉峠　熊本県〉

酷道で発生したデッドロック

新型コロナウイルスの蔓延により、我々の生活は大きく変化した。その影響は、人里離れた酷道にまで及んでいた。

2021年のゴールデンウィーク、私は熊本の市街地から国道445号を走っていた。津留川に沿って走っていくとセンターラインが消え、酷道となった。15分ほど走ると、頻繁に対向車とすれ違うようになった。何度かバックして、対向車をかわす。

走っているうち、車が何台も連なるようになっていた。先頭は見えないが、10台以上は続いているだろう。二本杉峠に近づいていた時、車列が完全に停止してしまった。10分が経過しても、一向に動く気配がない。

熊本
二本杉峠★
445
人吉

どうやら、大量の自動車が両方向から押し寄せ、ストップしてしまったようだ。こちらは十数台の車が連なっているが、対向車も10台ほど来ている。それに対して、退避スペースは数台分しかない。

待っていても解決しないので、ドライバーたちが降りて自主的に交通整理を始めた。最後尾の車両から順番に、待避できる場所まで

こんな道に車が殺到…

軽自動車でも白線を踏むほどの幅しかない。

優しい木漏れ日を感じながら、木々の間をゆく。

峠から人吉方面に進むと、さらに道幅が狭くなった。

バックしてもらう。

数十分後、絶望的な状況がようやく打開され、車列が進みはじめた。あの状況で、誰も交通整理をしなかったらとどうなっていたことか。酷道に車が殺到することの恐ろしさを、身をもって経験した。

その後、二本杉峠で小休止した。峠を過ぎても非常に細い道が続くが、対向車が来ないだけで快適に感じる。

通常、ゴールデンウィークであっても、酷道の交通量は非常に少ない。人々は密を避け、コロナから逃げるように山奥へ押し寄せた。その結果、酷道が車であふれた。これは、コロナによる酷道の特異現象といえるだろう。

宮崎・大分県境。5㎞の険路の先に海が待つ。

国道388号〈大河内越〉宮崎県

海から山へ。九州を代表する酷道

大分県佐伯市から熊本県湯前町まで続く国道388号は、海岸酷道の顔と山岳酷道の顔をあわせ持ち、宮崎県のオモテとウラを知り尽くす欲張りなルートだ。

佐伯駅前で国道217号から分かれた388号は、旧蒲江町のリアス式海岸に沿って南下する。丸市尾港から標高300メートルの県境へ登るのが最初の酷道区間だ。苔むした路面に積もった枝葉を踏みしめて進もう。この区間は無料の東九州自動車道が並行し、将来改良される心配もなさそうだ。

延岡市から日向市の手前まで重複する国道10号と分かれ、沿岸の門川町から内陸の美郷町へ分け入っていく。美郷町役場を過ぎたら、美郷トンネルの手前を左折して旧道をなぞってみたい。倒木の出現を予期しつつ慎重なアクセルワークで往時の雰囲気を味わおう。

椎葉村に入ると、ひむか神話街道のルートを外れて標高1134メートルの大河内越に挑む。このあたりは日本有数の多雨地帯だけに、雨のあとは滝のような湧水が路面を潤し、路盤を掘って舗装

美郷町と椎葉村の境。ここを北へ行くと林道の長大トンネルで椎葉村中心部へ抜ける。

小丸川に沿って下る国道と、龍岩山に登る林道との分岐。

大河内越の西側で九州大学宮崎演習林を横切る。

美郷町の小原隧道。美郷トンネル開通後は通るクルマもないが、今も現役の国道だ。

霧に沈む大河内越、標高1134m。椎葉村内にありながら耳川水系と一ツ瀬川水系を分ける分水嶺だ。

旧蒲江町内は潮の香りが漂い、漁師町の雰囲気を感じる。

佐伯市のリアス式海岸、標高0m。山から海へダイナミックな景色の変化が388号の魅力だ。

に凹凸の表情を与えてくれる。切り立った崖に密生した苔は緑のカーテンのように美しく、みずみずしい森の中を縫うドライブに心が洗われる。

国道265号との重複区間を過ぎると熊本県に入り、中央分水嶺である湯山峠を越える。水上村から奥球磨（おくくま）ループ橋を経て湯前町に着いたら、のんびり温泉に浸るのもいい。宮崎県を縦横に走る延長228キロの濃厚なフルコースを堪能しよう。

重複していた国道と別れ、単独区間に入るとすぐに酷道と化す。

国道503号〈飯干峠 宮崎県〉

単独区間のほとんどが酷道。改良の槌音が迫る……!

日本で特に重要な道路が国道に指定されるが、なかには本当に指定する必要があったのかと疑いたくなるような国道も存在する。国道５０３号も、その一つだ。

国道５０３号は、熊本県阿蘇郡高森町から宮崎県日向市に至る。総延長１１４キロ余りだが、大部分が他の国道と重複しており、５０３号の単独区間は36キロほどしかない。しかも、その短い区間の多くが酷道となっている。

日向市側から走っていると、国道３２７号との重複区間が長く続く。諸塚村でようやく単独区間に入ると、ここからは七ツ山川に沿って北上することになる。宮の元ダム付近から酷道と化し、この先、飯干峠へと続いてゆく。ちなみに飯干峠は５０３号のほか、同じ宮崎県の国道２６５号にも同名の峠が存在している。しかも、どちらも酷道なのでややこしい。

高森
飯干峠
諸塚
503
日向

沿道に〝道路を広げる工事を行っています!!〟と書かれた看板が立っていた。目の前では、まさに幅員を拡げる道路工事が行われている。道路が便利で快適になるのはいいことだが、酷道マニアとし

飯干峠トンネルが完成すると姿を消す酷道区間。今のうちに目に焼き付けておきたい。

ては複雑な心境だ。

酷道を走ること40分、標高が1000メートルを超える飯干峠に到着した。道路沿いに建てられた〝国道503号飯干峠トンネルの早期実現をめざそう!〟と書かれた巨大な看板が目を引く。この手の看板は各地で見かけるが、悲願のまま何十年も経ってしまうケースも少なくない。

失礼ながら「どうせここも……」と思っていたが、2022年、飯干峠トンネルを含む飯干峠バイパスが事業化された。このバイパスが完成すると、503号の酷道区間は完全に消滅してしまう。

峠を下ると酷道は終了し、国道218号との重複区間となる。酷道があるうちに走ろうと、決意を新たにする飯干峠であった。

飯干峠の南側。「合戦原」「野々首」「矢立」といった物騒な地名に歴史を感じる。

国道265号〈飯干峠 宮崎県〉

九州山地を縦断する秘境の道

九州を南北に縦断するとしたら、十人中十人が八代か延岡を通るだろう。だがもし時間に余裕があれば、九州の真ん中を貫く国道265号を走ってみてほしい。九州山地の奥深さをこれでもかと味わうことができるだろう。

熊本県阿蘇市で国道57号から分かれた265号は、宮崎県五ヶ瀬町から九州山地に分け入り、1996年開通の国見トンネルを抜けて椎葉村に入る。

宮崎県椎葉村は秘境ともいわれる広大な山里だ。周囲を標高1000メートル超の山々に囲まれ、村に通じる道は近年まで険路しか存在しなかった。周囲から隔絶された隠れ里には平家の落人が住み、ひえつき歌や椎葉神楽といった昔ながらの山村文化が継承されている。265号を走って村中心部まで来たら、上椎葉交差点そばの駐車場にクルマを停めてメインストリートを散策したい。

上椎葉ダム湖畔を過ぎると、いよいよ酷道265号のハイライト、飯干(いいぼし)峠に挑む。入口には「幅員狭小・急カーブ・路肩軟弱」という脅し文句が躍っているが、普通車

椎葉村下福良で奥村川を渡る。ここを北へ行くと、林道を通って諸塚村の国道503号に抜ける。

国見トンネルを抜けて椎葉村に入ると、この道本来の姿が垣間見える。

山都町馬見原で国道218号と別れ、椎葉方面へ。この付近に「九州のへそ」がある。

椎葉村中心部をバイパスする椎葉大橋。集落は写真左手前の斜面に張り付いている。

椎葉村のメインストリート。日向市から2時間半かけて来る宮崎交通バスの終点だ。

椎葉村中心部を離れ、上椎葉ダムへ向かって標高を稼ぐ。

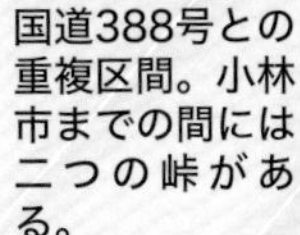

国道388号との重複区間。小林市までの間には二つの峠がある。

飯干峠

酷道265号のハイライトは椎葉村の飯干峠。標高1050mを超える沿線最高地点だ。「ひえつき」は稗搗きの意。山深い里の労働文化を象徴する。

なら車体をこするほどの狭さではない。深い森の中のワインディングをまったりと楽しもう。

飯干峠を越えると国道388号との重複区間が現れる。今回取材したのはここまでだが、265号はさらに南へ進んで西米良（にしめら）村を縦断し、尾股峠と輝嶺（きれい）峠という二つの難所を越えて小林市に達する。全長約190キロの酷道を走破すれば、あなたも九州人から尊敬の眼差しを向けられるだろう。

日本初の大規模アーチダムとして1955年に竣工。アプローチは酷道しかなく、延岡からの資材運搬は困難を極めたという。

上椎葉ダム

上士幌町側の三国峠を目前にした地点。線形改良のための橋梁建設現場が写っている。下は2005年撮影の同地点だが、ここは線形改良のために松見大橋が新設された

昔日のダート酷道

坂下雅司
『国道を旅する』運営

ダートの国道として最後まで残された国道458号も、ついに陥落した。90年代中頃までは、全国にそこそこ残っていた。貴重な当時の記録。

国道273号〈北海道〉

道内屈指のダイナミック路線もダートだった

石狩・十勝・上川の境、三国峠を境に、北は大雪湖、南は樹海の上を一気にパスするダイナミックな光景が広がる国道273号。1991年当時、国道273号三国峠の上士幌町側には7.6kmのダート区間が残っていた。旧路盤も2車線幅があり決して見劣りはしないのだが、通年通行化に当たり特に冬期交通の安全性確保を考慮して線形改良の対象となったのだろう。　　（撮影　1991年8月、2005年9月）

三国峠の上士幌町側。1991年当時は改良工事中で雑然とした雰囲気だったが、現在はパーキングエリアが整備された

三国トンネルの上川町側坑口。トンネルを出るとすぐに再びダート区間が始まっていた。上は2005年の同アングル。覆道が新設されており、覆道内での撮影となってしまった

プレハブ小屋の前の看板類。人以外は22km迂回せよとの指示。出航時刻は、8：20、10：40、13：20、14：40、15：50

豊頃町側の旅来（たびこらい）渡船場入口。オニギリが国道であることを主張している

国道336号
〈北海道〉

渡船が国道！ バイクもクルマも渡れない…

道東の国道。十勝川を十勝河口橋で渡河しているが、1992年12月に河口橋が開通するまでは国道に橋はなく、十勝川の両岸を渡船が連絡するという「渡船国道」だった。国道が海を渡り、その間をフェリーが連絡しているという例は、国道42号の伊良湖港（愛知県）～鳥羽港（三重県）間のように現在でも多く見られるが、「渡船国道」は、国道336号を最後に消滅している。

（撮影：1991年8月）

船の側面にはしっかりと「開発局」という文字が入っている。両岸に渡されたロープを人力で伝う

大樹・豊頃町界付近に残っていたダート

浦幌町側渡船場入口に立つ国道標識。こちらには小屋はない

米沢側、大峠道路を分けた後にあった「転落事故多し」の立看。予想以上に通行車が多い

旧大峠トンネルの北側1.6km区間がダート

ダート区間にあった国道標識

現在は通行止となった 旧ルートの現役時代

国道121号
〈福島・山形県境〉

いまはまったく違うルートに「大峠道路」が開通した福島・山形県境。かつての旧道は、冬期約6カ月間は道路閉鎖という状況だったが、1992年8月に延長3940mの大峠トンネルが開通し、道路状況が大幅に改善された。大峠トンネル開通後も、大峠道路の一部が未開通だったため、旧道はしばらく国道として存続していた。

（撮影：1990年10月）

北見市仁頃付近からダートとなった

ダートに入って2.6kmで端野峠。国道標識と市町村標識が立つ

「端野峠」の標柱

端野峠の端野町側

国道333号

〈北海道〉

改良間近い端野峠

北見峠、旭峠、ルクシ峠、端野峠と四つの峠を越えていた国道333号。1993年8月にトンネル開通前の端野峠を越えたときの記録。当時、既に端野トンネルの建設工事が終盤を迎えており、トンネル開通を間近に控えた峠越えとなった。工事区間を除くダート総延長は4.9km。

（撮影：1993年8月）

岩城町滝ノ俣のダート終了地点。ここまでダートは約2.7km

1車線ダート。道路地図を見てダートがあるかもしれないということで現地行きを決行した

いまも狭隘区間は残るが、舗装化されている

国道341号

〈秋田県〉

秋田県の鹿角市と由利本荘市を結ぶ国道。仙北市以北は1975年4月に国道に昇格したため早くから道路改良に着手されたが、仙北市以南は1993年4月に延伸された区間で、特に秋田市雄和町～由利本荘市岩城町間の高尾山越は、現在も隘路が続く。ここで紹介するのは、国道に昇格してわずか1カ月後の高尾山越を走ったときの記録。1997年に再訪したときには全面舗装化済みだった。

（撮影：1993年5月）

国道399号〈福島県〉

わずかに残された、峠に迫る民家の軒先ダート

1992年11月にいわき市から伊達町（現・伊達市）まで走ったときの記録である。ダート走行ができた反面、国道トレースには非常に苦労したドライブであった。福島県の飯舘村と月舘町（現伊達市）の町村 界からダート。飯舘村～月舘町間の交通流動は県道経由がメインとなっていて、399号の整備が後回しにされたのだろう。

ダート区間は短く、0.5kmで拡幅工事現場が現れ、さらに0.2kmで拡幅済みの舗装区間となってしまった

ダート区間の銀山平側入口。3年の間に舗装化が進んでおり、大湯温泉～枝折峠間は全面舗装だった

奥只見湖をトレースし、新潟県に入るとこの眺望。枝折峠付近

改良が進みつつあった枝折峠

国道352号〈福島・新潟県境〉

福島・新潟県境区間がダートだった。奥只見湖から新潟県の小出方面に抜けるには奥只見シルバーラインを使えばよく、国道は整備が遅れていた。ダート時代に2回訪ねており、1989年に訪ねた1回目はダート総延長は12.4km、2回目の1992年には枝折峠～銀山平間4.4kmが残るのみとなっていた。　（撮影：1992年10月）

兵庫・鳥取県境の峠

兵庫県側のダート開始地点

1993年に国道に昇格して「酷道」となる

国道482号〈兵庫・鳥取県境〉

当時は実に4カ所の未通区間を持っていたが、徐々に改良が進められた。兵庫・鳥取県境のこの区間は未開通区間を桑ヶ仙林道が連絡していた。

（撮影：1996年9月）

兵庫県側熱田集落への分岐点にある案内板

大きな石が路面に露出した悪路区間

峠に立っている案内板。「一般国道482号は県境まで」の文言。鳥取県側に続いているダートはダート国道ということになるのだが…!?

三重・滋賀県境の鞍掛トンネル入口で工事通行止めだった

鞍掛トンネルから2～3km下ったあたり。右側の駐車スペースは舗装化と同時にガードレールの外になってしまった

鞍掛トンネルから滋賀県側に約1km下った地点

鞍掛峠　近畿地方にあったダート国道

国道306号〈滋賀県〉

1993年5月に鞍掛峠を越えたときには滋賀県側にダートが残っており、当時、近畿地方では貴重なダート国道の生き残りだった。ダート延長は工事区間も含めて5.9km。2車線幅だった。現在はすっかり舗装化が完了しているが、線形はダート時代と変わらず、決して快適な道とはいえない。

（撮影：1993年5月）

通行困難

酷道421 この幅

※石榑峠旧道。現在は通行止め

酷道418 崩土発生

※現在も通行止め

酷道157 人・自転車も

※復旧済み

酷道399 雪と倒木

※復旧済み

本州最果てに
あったダート国道

国道338号

〈青森県（佐井七曲）〉

日本一有名な酷道「階段国道」は津軽半島の国道339号だが、その隣の下北半島にあるのが国道338号だ。昭和の終わりまで、ここにも「ダート国道」があった。新道の開通により廃道になったが、まだ綺麗な「オニギリ」が取り残されていた。

失われた酷道

かつて「酷道」として恐れられ、一部で偏愛されてきた国道たちの、国道を返上した「いま」の姿。現代人が昭和50年代までの地方の三桁国道にタイムワープしたら、酷道だらけで卒倒（歓喜？）することだろう。

平沼義之

百折不撓の九十九折り

国道121号

〈山形県～福島県（大峠）〉

国道121号の大峠は、その名の通り遠大な峠で、狭く、長く、険しいことは当然としても、明治時代の馬車道をそのまま採用していたため、尋常でない九十九折りの多さでドライバーを酩酊させた。峠頂上の小さな隧道は、ひとときの安らぎだった。

国道229号

〈北海道（積丹半島周辺）〉

失われた海食洞国道！

積丹(しゃこたん)半島を周回する国道229号は、その指定以来、険しい海食崖との闘いに明け暮れており、これまでに膨大な数の旧道が失われた。写真は余市町内の旧国道で、海食洞の前後にトンネルを繋げた唯一無二の酷道だった。平成に入ってからも災害復旧時に国道の迂回路として使われている。

山と海と空を溜息とともに

国道42号

〈三重県（矢ノ川峠）〉

紀伊半島の外周を巡る国道42号きっての大難所が矢ノ川(やのこ)峠だった。昭和43年に長大トンネルが完成するまで、最高標高807m、上り下り17km、多数の素掘り隧道を持つ、未舗装かつ屈曲多発急勾配の旧国道に、必死のハンドリングを要求された。だが苦労の後には峠からの日本一の眺望という褒美が待っていた。

国道345号〈新潟県（笹川流れ）〉

時代劇のようなトンネル群

日本海の景勝地笹川流れを通る人気のドライブコース国道345号も、国道指定を受けた昭和50年当時には、まるで坑道ような木製支保工を持つ時代錯誤のトンネルがいくつもあった。写真は松陰笹三隧道とアジリキ隧道で、昭和50年代の終わり頃まで使われた。

イチコロと渾名された峡谷国道

国道156号
〈富山県～岐阜県（庄川峡）〉

国道156号は、庄川の深い峡谷に沿って走る長大な山岳路線であり、かつては道幅も狭く雪崩や落石の多発する危険な国道であったため、「イチコロ線」と恐れられた。現在は見違える快走路になっているが、随所にある旧道に目を向ければ、恐怖の名残りはふんだんにある。

現存唯一の国道木橋？！

国道254号
〈群馬県～長野県（内山峠）〉

県境内山峠の群馬県側、昭和62年に旧道化した区間に落合橋という橋があるが、この橋のすぐ隣になんと木造のトラス橋が現存している！　国道の指定は昭和38年で、落合橋の完成が昭和39年なので、たった1年だが国道254号だった木造トラスだ。現存する唯一の国道用木造トラスだろう。

試練の酷道、いま険道

酷道 150 ROUTE

国道150号

〈静岡県（大崩海岸）〉

かつて国道150号だった大崩海岸の道は、その名が暗示するとおり、土砂災害との死闘の連戦場であり、何度もルートを変遷させている。国道は早々に見切りをつけて長大トンネル化し、平成16年にこの道は県道に降格したが、その後もルートの変遷は続いている。

果てしなさすぎた海岸国道

国道45号

〈岩手県（三陸沿岸）〉

リアス式海岸の特徴である長大な海岸線を縦断する国道45号は、昭和38年の国道指定当時、岩手県内だけで約330kmもあったうえに、道も悪く、通行に10時間以上を要するドライバー泣かせの長大酷道だった。現在は100km近くも短縮されている。

国道101号

〈秋田県（五里合迷宮区間）〉

正気を疑われた国道指定

国道101号には、平成5年の国道延長によって誕生した「迷宮区間」があった。すぐ隣に立派な市道があるのに、狭隘な路地が国道に指定されていたのだ。写真はその当時の風景で、左折する国道の狭さに誰もが驚いたものだが、いまは右の道が国道指定され正常化（平凡化）。

国道289号

〈福島県（甲子峠）〉

酷道ファンの「元」聖地

登山道に設置されている「オニギリ」は、この甲子峠の酷道時代の象徴的風景であったが、私が行ったときはもう撤去されていた。不通の国道に代わって甲子林道が一応は繋がっていたが、極悪ダートのため、普通のクルマとドライバーでは到底無理だった。

国道291号

〈新潟県（中山隧道）〉

国道イチの狭隘トンネル

国道291号といえば、清水峠の区間が有名な酷道だが、昭和57年の延伸によって加わった中山隧道は、全長922mの日本一長い手掘りの道路トンネルで、全長にわたって幅わずか2mという狭隘トンネルだった。平成10年に旧道化し、観光名所になった。

国道401号〈福島県～群馬県（尾瀬沼）〉

計画が失われた国道

「失われた」といっても、ここはそもそも国道として開通することさえできていない、計画段階で「失われた」道だ。かつて尾瀬沼の畔を通る尾瀬車道の建設が途中まで進められたものの、環境保護問題で頓挫。いまも国道401号は繋がっていないし、具体的計画もない。

明治國道45號

〈神奈川県（十三峠）〉

国道16号の祖先は階段国道！

時代が古ければ、現代の感覚では酷道に見える道も大抵普通の国道だった。しかし、明治20年に指定された国道45号（東京～横須賀）の十三峠は当時の感覚でも酷道だったらしく、明治国道最急の2分の1勾配(50%！)の酷さが記録として残っている。

国道260号

〈三重県（棚橋峠）〉

異形のトンネル

全国各地の半島と呼ばれる場所も、かつては酷道の多産地だったが、昭和60年の半島振興法登場を契機に急速な改良が進められた。志摩半島を半周する国道260号の棚橋隧道は、その狭さを強調するような異形の姿によって、多数の酷道ユーザーを驚かせてきた。

ちょっと意味がわからない…

来る者は拒まず！究極の酷道を味わうべし…

TEAM酷道の新年会

友人と数人で緩やかなコミュニティとしてスタートしたTEAM酷道だったが、5年、10年と経つうちに、少しずつ酷道好きが集まるようになってきた。不定期で集まり、酷道や廃墟に繰り出しているが、定期的に開催するイベントがなかった。不定期のイベントは告知が直前になることが多く、遠方の方や一見さんにとって、ハードルが高かった。

そんな時、誰かが新年会をやろうと言い出した。２０１０年頃のことだ。最初は無難に居酒屋でわいわいやろうと思ったが、それでは面白くないし、何よりTEAM酷道らしくない。やはり現場でやるべきだろう。そう思い、酷道で新年会を開催することを決めた。移動で運転するため、完全ノンアルコールの新年会だ。

まず問題となるのは、場所選びだ。わずかでも交通量があれば邪魔になるし、通報されてしまう。そのため、廃道や冬季閉鎖された道が前提となってくる。また、新年会には鍋が欠かせないので、火を使う。万が一にも火災にならないよう、燃えるものが近くにないという条件も必要だった。

そして、酷道４１８号の廃道区間に近い、川べりの場所を選定した。諸々

2017

2018

2016

の条件は満たしているが、日陰でとにかく寒い。気温は最低でマイナス9℃という年もあった。糸こんにゃくの水を切ると、すぐに凍っていく。カセットコンロの火では鍋が煮立たず、開始から2時間が経っても白菜がシャキシャキしていた。

その後、人数が着々と増えていったこともあり、場所を変えて開催してきた。中でも伝説と化したのは、2013年の新年会だろう。冬季閉鎖された国道157号の「危険!落ちたら死ぬ!」の前で鍋をやろうと立案した。当日、爆弾低気圧が岐阜を襲い、数年に一度という大雪に見舞われた。猛烈な吹雪のなか、岐阜市から北上して本巣市に入ると、トラックさえも横滑りし、交通量が皆無となった。誰しもが諦めかけていた時、私は「まだ進めるじゃないか。」と言った。進めなくなれば引き返せばいい。それだけのことだ。そして、「落ちたら死ぬ」の前で鍋を実行した。驚くほど皆の手際がよく、あっという間に鍋が完成した。誰も口に出さないが「ここに長時間いたら危ない」と共通認識されていたようだ。落ちなくても死ぬ!というような状況で、すぐに食べてすぐに撤収した。

その後も、新年会は毎年欠かさず開催している。2018年の新年会は岐阜県飛騨地方で開催したが、50人を超える参加者が集まった。半分ほどが従来のメンバーで、半分ほどが初めて来た人たちだ。鍋の具材は各自の持ち寄りで、事前に打ち合わせはしない。年によっては白菜が集中したり、肉ばかりになることもあるが、それはそれで面白い。

TEAM酷道の新年会では、他人に迷惑をかけなければ何をやっても自由だ。誰も何も頼んでいないし、言っていないのに、勝手に催しが始まる。プロのハープ奏者がハープの演奏を始めたり、自宅から持ってきたコタツを雪の上に設営したり、超望遠レンズでバードウォッチングをしていたり、趣味のフィギアをお披露目したり。誰かが変わったことをやっていれば、みんな興味津々だ。自分の知らない世界に触れられるのは、とても楽しい。

TEAM酷道では、毎年1月の週末に新年会を開催している。興味のある方は、どなたでも歓迎するので、ぜひ実際に体験していただきたい。好きな鍋の食材を持参するだけで、参加は無料。新年会も酷道並みか、それ以上に過酷だが、楽しめる!……かもしれない。

酷道と廃墟

土倉鉱山

白滝鉱山

酷道を趣味にしていると、国道に限らず様々な酷い道に興味が湧いてくる。ドライブ中に細い道、荒れた道、廃れた道を発見すると、つい入ってしまう。そんな道にありがちなのが、廃墟だ。

道はどんなに酷くても、存在するからには必ず理由がある。理由のない道などない。そして、道が廃れてしまっている理由も、必ずある。道を必要としていた施設が廃墟になれば、当然道も廃れてしまう。道が廃れた原因を探っていくと、廃墟に行き着くことも多い。

私が廃墟に興味を持つきっかけも、酷道だった。今ではすっかり高規格道路になってしまった国道303号だが、かつて酷道だった頃に岐阜・滋賀県境付近を走っていると、土倉鉱山の廃墟があった。廃墟というよりも遺跡に近く、コンクリートの遺構が山の斜面に張り付いていて、神殿のように見えた。これまで見たことのない異様で圧倒的な光景を目の前に、一人で興奮していた。

それ以来、廃墟に興味を持って調べてみると、世の中には廃墟が好き

廃ビニールハウス

廃校

廃集落

違和感を感じた先にあったオート三輪

違和感を発する廃屋

な人がたくさんいるということや、廃墟という趣味のジャンルが既に確立されていることなどが分かった。調べれば調べるほど、廃墟の魅力にはまっていった。そして、廃墟を気にしながらドライブしていると、なぜ今まで気づかなかったのだろうと思うくらい、道路沿いには実に多くの廃墟が存在していた。

廃墟といっても、鉱山や炭鉱といった巨大産業からショッピングモールやホテル、廃村、病院、1軒の廃屋に至るまで、非常にバラエティに富んでいる。元々はジャンルや規模が全く異なる建物群が、使われなくなった瞬間から「廃墟」にカテゴライズされるのだから、当然といえば当然かもしれない。それだけに、どの廃墟もとても刺激的で面白かった。

廃墟を探す場合、ネットで情報を拾ったり、衛星写真で探す人が多い。しかし、酷道から廃墟に入った私は、道路地図でアタリをつけて、廃れた道をドライブしながら見つけることがほとんどだ。ネットで探すと、どうしても事前に「予習」してしまう。足で稼ぐのは非効率かもしれない

廃れた道の先にあった一軒宿の温泉旅館

廃れた道の先にあった廃屋

エロ本小屋

廃れた道の先にあった集落跡

が、何よりも新鮮さが感じられる。まだ見たことがない光景、誰も知らない景色を見てみたい。これは、酷道の趣味にも共通していえることかもしれない。

これまでにドライブしながら見つけた廃墟は数知れず。道路地図を見れば、廃墟のありそうな地域が何となく分かる。ドライブしていると、数百メートル先であっても廃墟の雰囲気を感じる。それは、植物の生え方や周辺とのミスマッチなど、廃墟が発する違和感があるからだ。

そんなドライブ中に見つけた廃墟の中でも、最も思い出深いのが「エロ本小屋」だろう。別荘地開発がとん挫し、廃れてしまった地域。その一画に建つ一軒の小屋。小屋の中には、大量のエロ本の切れ端が詰まっていた。それも、ただの切れ端ではない。ハサミで一枚一枚丁寧に切り刻まれていたのだ。

この猟奇的な廃墟の観察を続け、TEAM酷道のサイトで公開したところ、注目を集めた。そして、TEAM酷道に多くの仲間が集まるきっかけにもなった。しかし、それと同時にネットの怖さを思い知った。エロ本小屋が観光名所と化し、エロ本を切り刻む彼の居場所を脅かしてしまった。これは大いに反省し、可能な限り最大限の収束を図った。

酷道と廃墟。一見、接点がなさそうにも思えるが、実は密接な関係にある。今後も酷道を走りながら、廃墟を探し続けていきたい。

酷道は、なぜできるのか

平沼義之
『山さ行がねが』管理人
ヨッキれん

「国道」なのに「ひどい道」。時には道がないこともある。でも、冗談でそんな指定をしているワケじゃない。そこには、そんなルートを「国道」に指定した理由が必ずある。いくつかの例とともに、その理由をさぐってみよう。

酷道とはどんな道か。道路法的に見た酷道の世界

酷道は、一般的な国道のイメージである「国の道＝整備された道」にそぐわない貧弱な整備状態の国道をもじって表現した言葉です。自動車がぎりぎり通れるような国道も、歩いて通るのがやっとの

岐阜県恵那市の国道418号の風景。ここから八百津までの15㎞あまりの区間は狭隘と整備不良のため万年通行止めで、道はあれども車は通さずの状態です。よくも悪くも、酷道の象徴的な道になっています。

国道（登山道国道）も、それすら困難な国道（不通国道）も、どれも酷道と呼ばれます。酷道は道路法の用語ではありませんが、昭和35年の国会答弁に、日本の道路事情を書いた週刊誌からの引用として、「日本の国道は**酷道**だ、県道というのは**険道**、市道というのは**死道**、町道は**懲道**、村道は**損道**と書いてあります。特に胃腸返し道路というようなことがあって、これは胃と腸がひっくり返るという意味だそうです」と出ており、意外に古くからこの表現が使われていたことや、近年のネットスラングと思われがちな険道や死懲損道まで登場していることに驚きます。しかし、昔は本当に忌み嫌われていただろう酷道が、いまや道路界随一の人気者として各種メディアからも引っ張りダコの存在です。人気の秘密はやはり、ギャップ萌えの強さと、現代日本において珍しい存在になっているということでしょう。

現代の日本にはどれくらい酷道があるでしょう。酷道という評価は主観なので、正確な数を求めることは難しいですが、平成31年度の「道路統計年報」を手にいくつかの指標を探ってみました。まず、**未舗装**である（簡易舗装すらない＝砂利道以下）国道は約291㎞（国道実延長の0.5％）ありました。また**未改良**（道路構造令に準拠していない）かつ幅員3.5mに満たない国道（舗装は問わない）は約797㎞（国道実延長の1.4％）で、この中で特に**自動車交通不能区間**に分類されているものは約142㎞（国道の0.25％）でした。自動車交通不能区間とは、幅員、曲線半径、勾配その他道路の

“酷道”の道路法による実態

道路法上の状態	陸上	（例）
路線の指定・認定のみ	**道路区域未決定区間** 総延長に含まない	・静岡県道南信濃水窪線
道路の区域決定済	**未供用区間** 総延長に計上	・国道 152 号“青崩峠” ・国道 401 号“尾瀬峠” ・静岡県道大嵐佐久間線（一部）
供用の開始済	**自動車交通不能区間** 実延長に計上	・国道 152 号“地蔵峠” ・国道 291 号“清水峠” ・静岡県道大嵐佐久間線（一部）
	未改良区間 実延長に計上	・国道 157 号“温見峠” ・国道 439 号“ヨサク” ・国道 425 号“シニゴー”

道路趣味の世界で言われる“酷道”や“険道”は、これら全体を包含した概念

“酷道”ランキング　【未改良かつ幅員3.5m未満区間比率　部門】

順位	路線名	実延長	未改良かつ幅員3.5m未満延長	←実延長比率	一言コメント
ワースト1	国道488号	83.6	**28.4**	33.9	中国山地を横断する地味な酷道が、区間比率では堂々のワースト1
ワースト2	国道308号	34.3	**8.4**	24.5	有名な超急坂“暗峠”を持つ酷道は、全体的に狭かった！
ワースト3	国道439号	241.2	**58.4**	24.2	四国酷道界の雄“ヨサク”は、日本一長い「未改良＆3.5m未満」区間を持つ酷道だ
ワースト4	国道319号	61.5	**12.6**	20.4	四国酷道界のメンバー。それほど有名ではないが、高順位に付けた
ワースト5	国道425号	178.2	**35.3**	19.8	紀伊半島を東西に横断する通称“シニゴー”も、当然のランクイン

『道路統計年報2020』より作成

“酷道”ランキング　【自動車交通不能区間比率　部門】　【未舗装区間比率部門】も1～3同着のため略

順位	路線名	実延長	自動車交通不能区間延長	←実延長比率	一言コメント
ワースト1	国道291号	150.7	**29.2**	19.4	いわゆる“清水国道”は、自動車交通不能区間の長さも比率も、堂々のワースト1
ワースト2	国道422号	124.6	**16.7**	13.4	紀伊半島を南北に横断する、二つも自動車交通不能区間を持つ酷道
ワースト3	国道289号	254.4	**26.4**	10.4	“登山道おにぎり”があった甲子峠は不能解消。残る不能区間の八十里峠も新道建設中

『道路統計年報2020』より作成

状況により最大積載量４トンの普通貨物自動車が通行できない区間を指します。が、実際はもっと小さな自動車は勿論、歩行者でさえ通行困難な区間が多いです。ともかく、いま挙げた3点セット、未舗装、未改良幅員３・５ｍ未満、自動車交通不能の国道は、酷道といえるでしょう。

　国道に限らず、道路法の道路には、路線の指定→道路区域の決定→供用の開始という手続きが必ずあります。そして、酷道や険道と呼ばれる道の中には、実は供用が開始されていない道や、道路区域の決定すらもされていない道があります。たとえば、左ページ上の国道１５２号には車道が途切れた箇所が二つありますが、このうち地蔵峠は供用済の自動車交通不能区間で、青崩峠は未供用区間です。未供用だと実延長には計上されませんし、道路区域の決定さえされていない道となると総延長にすら含まれません。

　重要な事実として、**目に見える道の有無と、道路法による道路区域の決定や供用開始の有無の間に、絶対的な対応はありません。**目に見える道があっても未供用（尾瀬沼の国道４０１号など）であったり、目に見える道がないのに供用中（国道２９１号清水峠）であったりします。

　なぜ、酷道は生まれるのでしょう？

酷道はなぜ生まれるのか？

　酷道は道路ファンにとても愛されていると思いますが、そのために国道になったわけではないはずです。道路法によって国道は「全国的な幹線道路網を構成」する道路と定義づけられており、いくつかの厳しい認定要件を満たしたものの中から政令によって路線を指定される、とても格式の高い道路です。なぜ酷道と呼ばれるような道路が国道に指定されたのかを考えてみましょう。

　まず、**多くの酷道は生まれつき**のものであることに気づきます。つまり国道に指定され、あるいは供用を開始した時点で、酷道は酷道です。これが景色的には

似通っている廃道との大きな違いです。廃道は生まれつきということはなく、ある道が役目を終えた姿です。酷道誕生の謎を解くには、国道がどのように生まれるのかを詳しく知る必要がありそうです。

ここで新しい国道（酷道を含む）が指定される仕組みを見てみましょう。まず、既存の道路がないところに突然国道が指定されることは、海上国道や「一般国道の自動車専用道路」以外では滅多になく、多くは既に認定されている都道府県道（できれば主要地方道）や市町村道（これは稀です）が昇格することで誕生します。下の図は平成6年に指定された国道465号が、従来の道路をどのように昇格させたかを示しています。多数の県道と国道が合体して一本の新しい国道が誕生したことがわかります。

国道に昇格させたい路線を持つ都道府県は、国道指定の要件を満たす形で候補路線を作成し、国の機関である建設省（現在は国土交通省ですが国交省になってから新たな国道の指定がありませんので建設省として話を進めます）に**国道昇格を陳情**します。各都道府県から集まった候補路線は**省議**でふるいにかけられ、次に道路法が設置を義務づけていた**道路審議会**（建設大臣が長）へ諮問されて、この答申結果が建設省の決定案となります。ここまで来れば指定濃厚となり、閣議を経て**「一般国道の路線を指定する政令」**が公布されて晴れて国道の仲間入りをします。最近は新たな国道指定が途絶えているせいかあまり見かけなくなりましたが、少し前までは地方の県道沿いなどに国道昇格を訴える看板がよく立っていました。

以上は国道の例ですが、都道府県道もその多くが市町村の陳情を受けて昇格した市町村道です。この場合は都道府県議会が都道府県道の認定を決議し、その結

自動車交通不能区間と未供用区間

小川路峠 自動車交通不能区間 12.3km
地蔵峠 自動車交通不能区間 0.8km
青崩峠 未供用区間 6.7km

国道152号と256号にはそれぞれ自動車の通れない区間がありますが、供用されている自動車交通不能区間と、未供用の区間が混在しています。結局これらは全部「酷道」なのでしょう。（電子国土の地図画像を加工）

国道465号の「前身」

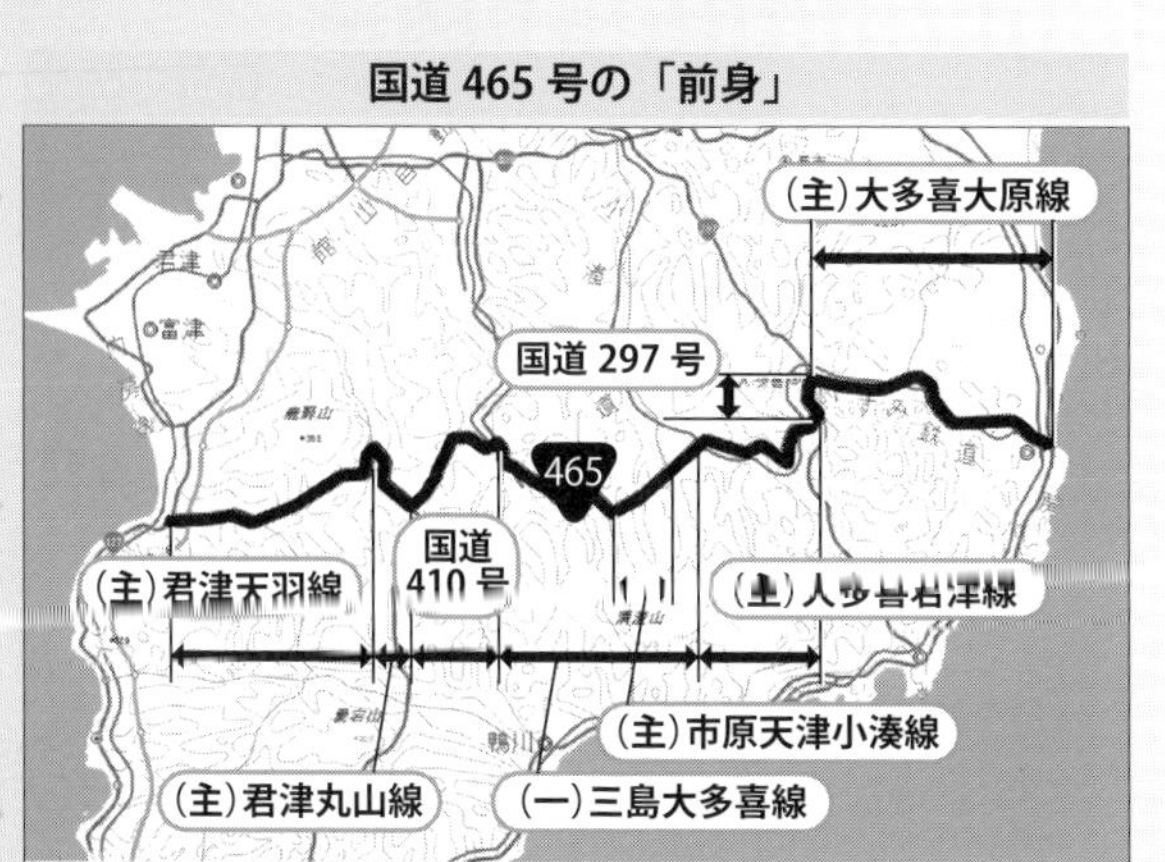

道路の管理者と費用負担の原則

道路の種類		道路管理者	管理に関する費用負担者	国の費用負担・補助の割合 新設・改築	維持	修繕
高速自動車国道	有料道路方式	国土交通大臣	高速道路会社	会社の借入金で行い、料金収入で債務及び管理費を補う		
高速自動車国道	新直轄方式	国土交通大臣	国 都道府県（指定市）	３／４負担	１０／１０負担	
一般国道	指定区間内（直轄国道）	国土交通大臣	国 都道府県（指定市）	２／３負担	１０／１０負担	
一般国道	指定区間外（補助国道）	＜新設・改築＞国土交通大臣・都府県（指定市） ＜維持・修繕＞都府県（指定市）	国 都道府県（指定市）	１／２負担	なし	１／２以内補助
都道府県道		都道府県（指定市）	都道府県（指定市）	１／２以内補助	なし	１／２以内補助
市町村道		市町村	市町村	１／２以内補助	なし	１／２以内補助

国の負担・補助の割合についての内容は、道路法、高速自動車国道法、道路整備特別措置法、道路の修繕に関する法律、以上四つの法で定められた全国一般の原則であり、これらの法律や他の法律、社会資本整備総合交付金交付要綱などに規定される様々な特例が存在する

果を公示します。市町村道から順を経て国道まで上り詰めた道も多く存在します。

生まれたばかりの国道の多くは、その前日まで、よりグレードの低い都道府県道や市町村道（稀に林道）であったわけですから、「国道らしからぬ」酷道になりがちなのは頷けます。そして**国道昇格の目的は、その道を「国道らしく」整備すること**なのです。

右上の表をご覧ください。この表は道路の種類ごとの道路管理者と費用負担の原則をまとめたものです。国道は直轄国道と補助国道で条件が変わりますが、大規模な工事を伴うことが多い新設や改築については、国が2分の1（直轄は3分の2）を負担します。一方の都道府県道以下では、主要地方道など一部の道で2分の1まで補助されますが、基本は地方の負担です。地方の財政が国に較べて潤沢でない以上、地方の欲する道路をスピーディに整備する手法として、国道への昇格はとても強力でした。

しかし現実には国道の指定から長い時間を経過しても酷道状態のままになっている道があります。その理由はさまざまですが、それでも**「国道らしい道を整備しよう」という地方の意志と、その道を「国の幹線道路の資質あり」と認める政府の意志の両方が存在したからこそ、国道になれた**という事実があります。たとえば国道４１８号の酷道区間として有名な恵那～八百津間には、国道に指定された昭和57年当時、有料観光道路として大々的に整備する計画がありました。しかし計画路線の大部分を水没させるダム計画が浮上したことで、道路整備は中止されました。さらにそのダム計画が延期を繰りかえした結果、酷道として今なお取り残されているのです。これまで私が出合った酷道には大抵、こうした納得のいく理由がありました。

したがって、道路整備の進展によって酷道の汚名は返上されます。平成5年度から平成31年度の間に、国道の自動車交通不能区間は、１７５㎞から１４２㎞へと2割も減少しました。この減少分には平成20年に開通した国道２８９号甲子峠や、平成30年に新道がつながった福井石川県境の国道４１６号大日峠などが含まれています。今後も酷道は減少を続け、いつかは絶滅するかもしれません。

「迷路国道」の不自然なルートの意味は？

酷道には、道幅や勾配などの路面的な悪条件以上に、その不可解なルートの取り方で印象づけられるものがあり、「迷

路国道」や「迷走国道」と呼ばれます。

左の地図は千葉県にある国道410号の一部ですが、国道465号と分合流するあたりで、いったん東へ向かってから、一度潜ったトンネルの上を跨いで西へ戻るという、奇妙で不合理な経路になっています。

このタイプの酷道も、道路法の仕組みから容易く理解されます。既に述べたとおり、新たに指定される国道の多くは、従来あった複数の道路を継ぎ足して国道指定の要件を満たした候補路線が背後にあるのです。元々は別の目的地を目指していた道をむりやりつなぎ合わせれば、途中で後ろ方向への分岐などの不自然な線形が出現するのは不思議なことではありません。酷道風景として有名な京都府の国道477号「百井別れ」もこのパターンです。

国道の追加指定が繰りかえされてきた中で、より後になるほど「既に整備されている道路」よりも「今後整備が必要な道路」を優先して国道に指定する傾向が見られます。ある地点とある地点を結ぶそれなりに立派な道が既にあるのに、敢えて別の狭い道が国道に指定されるパターンです。

例を挙げた国道410号の場合も、現在この不自然な経路をすべて解消する立派なバイパスの建設が進められています。今ある国道は中継ぎであり、これから誕生するものが、国道指定当初に構想されていた真の姿なのでしょう。**酷道は現在発展途上の道なのです。**

「迷走」している国道

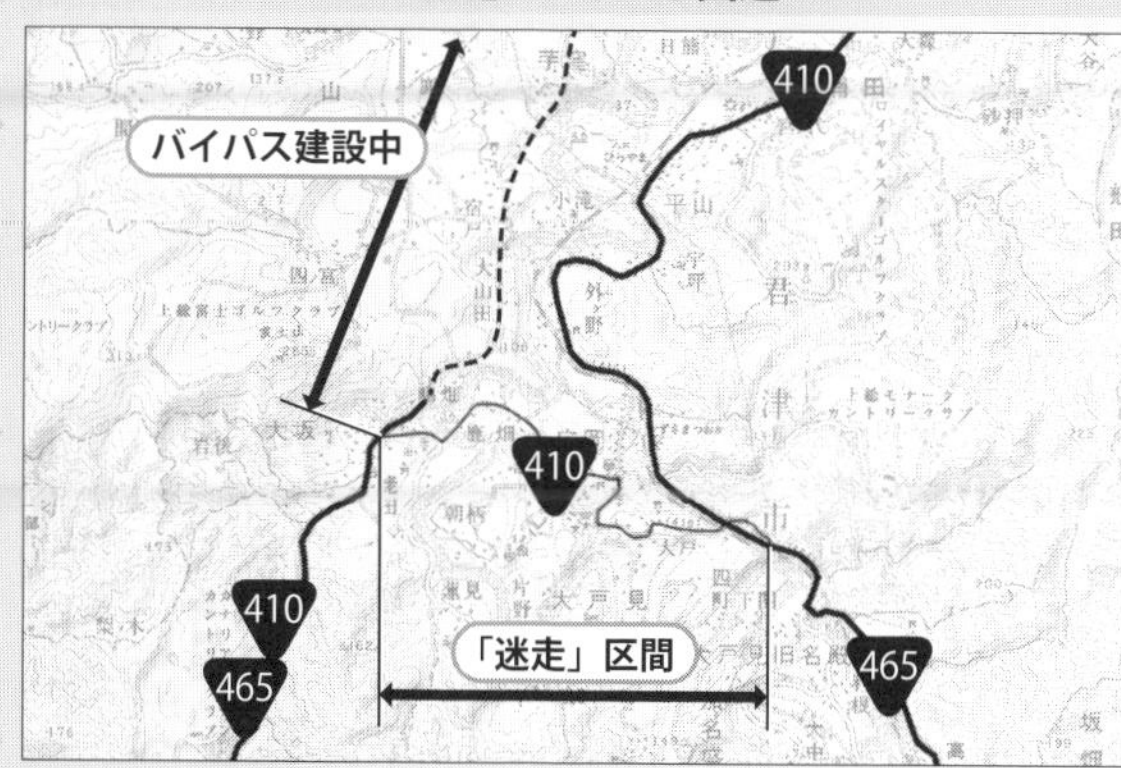

京都市左京区にある酷道の名所「百井別れ」。国道477号の順路は、この極めて鋭角な交差点をUターンするように切り返して進まねばならない。

群馬県みなかみ町の国道291号。新潟県南魚沼市へ抜ける清水峠の区間（約30㎞）は、おそらく日本一険しい国道（酷道）であり、一部は「登山道国道」を通り越して完全に廃道状態になっています。筆者が一番好きな道路の一つ。

スズキ ラパン

偏見かもしれないが、特にピンクのラパンは女子力が高いイメージがある。このクルマが酷道を走ってくると、ちょっとビックリする。

AMゼネラル ハマー

最も初期型のＨ１は、軍用型車の面影が強く、カッコいい。道幅いっぱいの車幅で酷道を走ってくる様は圧巻。運転している人は死にもの狂いだが、ギャラリーとしては最高に楽しい。

どんなクルマ~~で行くべきか~~が楽しいか？

ホンダ フリード

見た目はコンパクトなのに車内が広く、遠方の酷道に遠征するには何かと楽。私の現在の愛車でもあるが、見た目以上に小回りが利き、比較的車高が高いので落石をクリアしやすい。

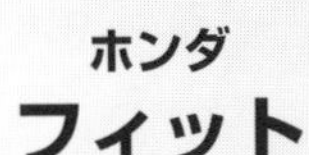

ホンダ フィット

よく売れている街乗り車だが、小回りが利くので、意外と酷道に向いている。車高が低いため、小さな落石でも、床下からゴリゴリガツン！という嫌な音が聞こえてくる。

酷道に繰り出すにあたって、クルマは欠かせないアイテムだ。車種選びは、酷道の走破性や楽しみ方に大きく影響する。最も適しているのは、走破性が高く、コンパクトで狭隘路にも適応するスズキのジムニーだろう。しかし、「最適」と「面白い」は、必ずしもイコールとは限らない。

酷道というのは、国道であるにも関わらず状態が酷いという意外性が面白い。それならば、意外なクルマで酷道を走れば、もっと楽しいのではないだろうか。

例えば、悪路に向かないハイブリッドカー・トヨタのプリウスや、女子力の高いスズキのラパン（特にピンク色）など。そんなクルマが凸凹の激しい悪路を走破していたら、面白いに違いない。アメリカの軍用型車として知られるハマーも、酷道には全く向かない。車幅が2・2メートルもあり、狭隘路に入り込むと大変なことになるからだ。そんな大変なことになっている光景は、はたから見ている分には面白い。

では、どんなクルマで酷道に行くのが正解かというと、正解はない。思い思いのクルマで、酷道を好きに走るのが正解だ。ただし、周りの交通に迷惑をかけない心がけは必要だろう。

三菱 デリカ

人がたくさん乗れて悪路の走破性も高いため、TEAM 酷道のオフ会でも活躍する。車高が高いため、木に引っかかることもある。そんな時は、運転手が自ら木を切る。

トヨタ プリウス

ハイブリッド車の定番。とにかく燃費がいいように作られていて、車高も低く悪路には向かない。遠方の酷道に行く際、私がレンタカーで借りる定番車種。

スズキ エスクード

排気量もあり悪路も走れて、街乗りにも使える。クルマを買い替える際、趣味優先か、家族優先かで葛藤した末に選ばれることもある。

スズキ ジムニー

悪路の定番。道なき道を走破するのに適している。ほとんどが舗装されている酷道には、やや持て余す感じがする。

スバル インプレッサ

覆面パトカーにもなる定番セダン。酷道でも街中でも、どこを走っていても違和感がないイメージがある。ある酷道仲間は、倒木に引っかけてバンパーを外したことがある。

トヨタ サイ

プリウス同様のハイブリッド専用車で、レクサスブランドの姉妹車種となる高級車。ハイブリッド、そして高級車という、酷道に不向きな要素満載で、酷道走破が楽しくなる。

酷道は どうやって探したらいいのか

インターネットが発達した今、情報があふれている。分からないことはネットで検索すれば、たいてい教えてくれる。酷道や廃墟の情報も同じだ。どんな酷道があるのか、どこに行けば酷道があるのか、TEAM酷道よりも親切なサイトがたくさんある。グーグルマップを使えば、衛星写真の他にストリートビューによって、わざわざ現地に行かなくても走った気分を味わえる。

しかし、ネットで調べるのと、実際に走るのとでは、全く違う。私は楽しそうな酷道や面白そうな酷道の話を聞くと、すぐ現地に行きたくなる。行ってみようと思うきっかけは必要だが、それ以上に調べることは、あえてしない。可能な限り、情報を知らずに現地に行きたいからだ。

観光というのは、事前に調べた通りのルートで現地まで行き、写真で見た通りの景色を見て、それと同じ写真を撮って満足する人が多い。酷道だって同じじゃないか、という人もいるだろう。もちろん、それも否定しない。あくまでも私個人の楽しみ方として、それでは満足できない。試行錯誤しながら、現地の人に聞き込みをするなどして、ようやくたどり着いた場所。そこで初めて触れる景色や、思いがけない絶景。この時の感動が、忘れられない。できることなら、そんな旅をずっと続けていきたい。

　では、本書がガイドブックの役割を果たして、感動を奪ってしまうのではないか。確かにその通りだ。しかし、ネットにはない、本ならではのよさがある。ここに書かれていること以上の情報は、振っても擦っても出てこない。だから読みながら自由に想像できる。現地に行けば、本書に載せきれていない多くの感動が待っている。また、先述の通り、酷道へ行くためのきっかけは必要だ。本書がそのきっかけになれば、

これほど嬉しいことはない。

　私が酷道にハマるきっかけも、紙だった。今から20年前には酷道の書籍など皆無だったので、紙は紙でも道路地図だ。初ドライブに行こうと、レンタカーを借りた。初心者で公道に出るだけでも緊張する。車線変更もままならないため、交通量が少なくなる夜間を狙い、北陸方面を目指そうと考えた。道路地図を眺めながら、なるべく交通量が少なそうで、かつ高規格な道路を選ぼうとしていた。国道であれば問題ないだろう。でも、国道8号は夜間でも交通量が多そうなので避けた方が無難だろう。そうして私が出した結論が、157号だった。

　「危険！落ちたら死ぬ！」の看板が見えてきた時には、落ちなくても心臓が止まって死ぬかと思った。人間、極度に緊張すると、本当に手に汗が出てくることを知った。

　「地図に騙された！」と、しばらくは道路地図を恨み続けていた。しかし、冷静になって地図をよく見ると、道路を表記する線が、きちんと細く書かれていた。国道の色に惑わされて、線の太さまで見ていなかったのだ。完全に私の落ち度ではないか。道路地図のせいにして、申し訳ない。それ以降改心し、酷道へ行くのに道路地図は欠かせない存在になった。クネクネしていて、線が細くなっている国道を目指して行けば、面白いことが待っている。必要最小限の情報で、我々を酷道に導いてくれる。

　カーナビは地図機能だけではなく、行きたい場所に導いてくれる。迷うことがない。これでは、面白くない。酷道は人生と同じで、時に迷い、行き止まるからこそ面白い。便利で快適が正解とは限らない。酷道マニアにとって、マストアイテムはやはり道路地図といえるだろう。

TEAM酷道座談会

酷道サイトの先駆者にして、本書の執筆者たちが名乗るTEAM酷道。ウェブサイトは酷道と廃墟が一体となっている。四輪、二輪、それ以外。いったい、どんな人たちで構成されているのか。ある年の晩秋、岐阜県の、とある旧道に10人のメンバーが集まった。

みんな、なにがきっかけでTEAM酷道に？

—２０００年前後、従来のメディアでは採り上げられなかったというか、趣味として認知されていなかったことをテーマにした趣味ウェブサイトが個人により多く立ち上げられていて、その一つが「TEAM酷道」のウェブサイトでした。そもそも、酷道に興味を持ったきっかけを教えてください。

よごれん：免許を取って、最初に走った酷道が、「落ちたら死ぬ」で有名な国道157号でした。そのときは、そんな道だとは知らずに走ったわけです。また、カムイさんなど古い友人たちと、3カ月に1回くらい、岐阜から仙台まで牛タンを食べに行っていました。そのときに、いつも同じルートではつまらないので、どうせなら変な道を、ということで、いろんなルートを通っていました。国道352号や国道400号、401号などです。もう舗装はされていましたが、いまとなっては旧道になったところもあります。

—「TEAM酷道」と名乗り始めたのもその頃ですか。

よごれん：2001年頃、まだウェブサイトを立ち上げる前です。サイトは試しにgeocitiesで作って、そのままgeocitiesで公開していましたが、2019年3月にウェブサイトサービスが終了したため、いまは独自にドメインを取得して公開しています。

最初の頃は、訪問者数は3カ月で100人とかで、つまり自分たち3人しか見ていなかったと思います。でも、そのサイトがきっかけで、仲間が集まり出しました。

とらジェベル：オフロードバイクに乗っていたので、おもしろい道がないか検索していて、たどり着きました。当時は「掲示板」で連絡をとりあったりして（※いまも掲示板はある）。

—TEAM酷道のサイトとしては「エロ本小屋」の話題を抜きにはできませんね（144ページ参照）。酷道そのものの話ではないのですが、これもTEAM酷道の活動やメンバーには欠かせないとか。

よごれん：もともとは、酷道沿いに廃墟があったことから廃墟に興味を持ったのですが、エロ本小屋はその一つです。それが爆発的な人気になったことがありました。1日10万

PVいくこともあったんです。そのエロ本小屋に「一緒に連れて行ってくれ」という連絡がたくさん来て、そこに、酷道に関心がある人、興味を持ってくれる人もたくさんいました。

とらジェベル：一番多い時で、20人くらいで行っていましたが、半分以上、初対面の人だったりしました。月イチくらいで探索していて、エロ本小屋に行けば、平日でも必ず誰かいる、というほどになりました。

ユウジ：岐阜県可児市に住んでいたことがあって、丸山ダムのことを検索していたら、エロ本小屋の記事にたどり着きました。場所は見当がついたので、毎週のように探索しているうちに、このメンバーと知り合って。いまも2、3カ月に1回行っていますよ。

よごれん：TEAM酷道のメンバーを世代で分けると、第一世代が最初から、第二世代がエロ本小屋がきっかけの人、第三世代が神岡鉱山や廃墟探索です。

がおー：私はエロ本小屋がきっかけでTEAM酷道を知りました。もともとは、ニコニコ動画で酷道というものを知り、いろいろ検索して、原付で一人で行っていたのです。

たー：私もエロ本小屋です。その頃、オフ会が何回か行われていました。そのうちの一つに「国道303号の八草峠に行く」というのがありまして、そこからです。

船津：TEAM酷道は、神岡鉱山についても掘り下げていたので、神岡鉱山が好きな私はそれがきっかけでTEAM酷道の集まりに参加するようになりました。また、廃線、特に電力設備の名残が好きで、小串鉱山や白石鉱山などにも碍子を見に行っています。でも、廃墟も酷道もあまり関心はないんです。岐阜県の山間部に住んでいると、そういうものに囲まれていますし。

よごれん：とくに酷道に関心がないという人も、TEAM酷道には多いのです。

ソニック：私は廃線跡が好きで。『封印された日本の秘境』（彩図社）でよごれんさんを知り、使われなくなっている駅の話を連絡したら、取材に行きましょう、と。なので、何年かのつきあいになりますが、今日初対面の方も多いです。

岩崎：廃墟が好きで、いろいろなサイトを見ているなかでTEAM酷道のサイトにたどり着きました。サイトだけではどんな人かわからないので、実際によごれんさんに会ってみたいな、と。それで大阪で開催された廃線のトークイベントに行きました。

よごれん：変な人を見ているのが好きなんでしょうか。

岩崎：一緒に行こうと言ってくれる人は、よごれんさんだけなんですよ。

免許を取るときから運転の感覚がおかしかった!?

いっき：運転は、遠距離も好きですが、関心があるのはテクニックですね。趣味が高じて大型二種免許を取って、ラーメン屋から借りたバスで国道152号に行きました。

——ラーメン屋…。意味がわからないのですが。

いっき：レンタカーでは、車幅2・3メートルの中型バスしかないんです。でも、車幅2・5メートルの大型バスで酷道に行きたいじゃないですか。ツテを頼って、中尺（全長8—9メートル）の大型バスを4台所有しているラーメン屋さんに借りました。

とらジェベル：そういう道だったら、ボンネットバスとかが似合うんじゃないですか。

座談会中に、国道152号でバスを運転する動画プレゼンが始まる

いっき：いやいや、オーバーハングがでかいクルマで行ってこそ、ですよ。運転席の、自分の尻のはるか後ろに前輪があって、ミラーで前後輪とも確認できるクルマ。実は、小学生の頃から、狭い道を走るバスが好きだったんです。狭隘路線をヲタ席（※前扉直後の席）から見て、外からも見て。

とらジェベル：扉をはみ出して走るバス、いいよね。

いっき：オーバーハングがあるからかっこいいんです。

よごれん：オーバーハングといえば、岐阜バスは、駅前の縁石にステップをかぶせてきますね。

とらジェベル：「車あるんですけど…？」（※テレビ東京の番組。よごれん氏らは何度も出演している）に「バスで酷道を行く」って提案したら？

いっき：トヨタレンタカーにも中型までしかないからなあ……。

いっき：この前、4トン車を借りて『頭文字D』の聖地を攻めてきました。ホイールベースが長いクルマで林道を走ることに意味があります。ジムニーとかで酷道走る、走れるのは、ある意味、当然じゃないですか。

とらジェベル：そんなことないですよ、ジムニーだと「いけるいける」とか言われて、道のないところを偵察にいかされたり、ひどい扱いを受けます。

カムイ：私は仮免時に酷道ばかり走らされました。教習所に行かず、一発試験で免許を取ったんです。路上教習の教官は、よごれんさんです。

よごれん：国道417号で、いまは徳山ダムに沈んだ集落を通って、今庄に蕎麦を食べに行きましたね。仮免の練習で。

カムイ：帰り道は、まだ路面電車の走っていた岐阜市内を走らされました、よごれん教官に。あと、伊勢も行きました。教官が「台風に向かって行こう。練習だ」と。

よごれん：JRの紀勢線が台風被害を受けた場所を見て帰ってきましたね。

ユウジ：「台風に向かっていけば、最短の時間で台風をクリアできる」ということですね。

全国縦横無尽。距離の感覚がおかしい

——酷道に限らず、皆さん、走るのは好きですよね。

カムイ：クルマを買うとすぐ、岐阜から青森県の龍飛崎に行きました。

よごれん：夜通し走るのは当然ですね。「旅行中の夜は起きているもの」ですからね。私も青森はよく行きます。以前は3日くらい寝ていなくても大丈夫だったのですが、さすがに最近は徹夜がしんどい。

カムイ：実は、24時間前にも龍飛崎にいました。

ユウジ：18歳でクルマを買って、初めての長距離運転が国道157号でした。そのときは「福井まで行ったのに、対向車がまったく来なかった」と思ったくらいでした。その後、夜な夜な安房峠（旧道）や国道418号二股トンネルに行っていました。

ユウジ：よごれんさんのトークイベントが東京で開催されたとき、原付で岐阜から東京まで日帰りで往復しました。午前3時に出て、東京滞在は4時間、帰宅したら午前3時。

——なんで日帰りに？

ユウジ：家族には「東京に行く」って言ってないから（笑）。翌日はバレーボールの大会もありましたし。

よごれん：宮城県の化女沼（遊園地の廃墟がある）にも日帰りで来てましたよね。

ユウジ：岐阜から富山に向かい、魚津で船津さんを拾って、新潟経由で宮城ですね。

がおー：スクーターでは、松本日帰りくらいかな。帰りに雪が降って大変でした。郡上でひっくり返りました。

ユウジ：バイクで転んだら、まず写真を撮る（笑）。それがTEAM酷道。

とらジェベル：崖落ちしても撮る。勝手に上がってて「いい絵」が撮れなかったら、もう1回落ちてもらう、とかそんな話になる（笑）。

「大丈夫」「いける」に込められた意味

船津：先に言ったとおり、私はあまり酷道云々ということはないのですが、酷道に関する活動としたら、初心者の人が「行きたい」と言ったら酷道157号に連れて行くくらいですかね。布教活動（笑）。

とらジェベル：布教というか、ダマシですよね（笑）。

がおー：大雨の日に、友人に国道418号を運転させたことがあります。「サプライズ」ですよ。その友人はもう酷道には行っていないのですが、別の友人がはまり、「新年会」（※140ページ参照）に来ました。

ユウジ：昔、ある国道の廃道部分をスクーターで走破させられた人がいました。私はオフロードバイクで来なくてよかったと思ったほどの道でしたが、後から、やっぱりバイクで来ればよかったなと。

よごれん：歩いていったほうが早い道でした。バイクが素直に走れる道ではなく、持ち上げたりのほうが多いので。そういう、酷道の楽しみ方はメンバーまちまちで、「これ」というものがないんです。

とらジェベル：だますというか、「いけるいける」ですね。巨大なクルマ、ハマーに乗るたーさんを国道157号に連れて行って。でもおかげで帰りがすごく遅くなってしまったことも。

たーさんのハマーが国道303号旧道の洗礼を受けたとき

たー：国道157号は、夜の温見峠は「見えない」のが怖いくらいで。時間がかかったのは、巨大なので切り返しも多かったためです。怖かった酷道は、先に言った、国道303号の八草峠です。私はハマーとジムニーを持っているので、どっちで行こうかよごれんさんに相談したら「全部、高規格道路です」と言われたのでハマーで行ったんです。そしたら、旧道に行くという。ガードレールが浮いていたり、舗装の下が抜けていてアスファルトだけになっていたりで、怖かったです。

カムイ：ハマーの前で、よごれんさんはすごく嬉しそうに写真を撮ってましたね。

よごれん：2年後には通行止めになったので、もう二度と走れません、ラッキーですね。あそこを走った唯一のハマーでしょう。あと、私は「大丈夫？」と聞かれたら「大丈夫」としか答えません。

いっき：通行止めになる手前までは「大丈夫」。

よごれん：常にバックできるのを確認しながら運転しないと。

とらジェベル：そういうとき、よごれんさんは運転していないじゃないですか。

よごれん：写真撮りたいので。あと、ナビしたり、皆さんに連絡したり。

とらジェベル：よごれんさんの言葉には気をつけろ。

よごれん：「だまされた」という感覚が、だんだん喜びに。

ソニック：異常なことが何もないと「今日は何もないの？」という気持ちに。

とらジェベル：「オプション」がメインに取って代わる。

よごれん：期待されたら応えないと。

――酷道で、クルマやバイクのマシントラブルが起きたことはありますか。

とらジェベル：「エロ本小屋」があった林道の奥、バイクで加速したらその先が2メートルの崖で、落ちてしまったことがあります。それがクリスマスだった。どうしようもないので「TEAM酷道」の数人に連絡したら「クリスマスに呼ぶな」と言いながら、助けに来てくれました。

カムイ：スズキのKeiで高速道路を走っていたとき、初心者マークが取れた直後でした、ターボのタービンが壊れまして。オイルがシリンダーに流れ、なんとか走れたので岐阜市内まで行き、よごれんさんに連絡してオイルを買ってきてもらいました。排気がすごい煙なので、目立たなくなる夜まで待って回送しました。結局、エンジンがダメで廃車にしました。

よごれん：パジェロミニで高速道路を走っていたとき、同様にタービンが壊れてしまったことがあります。全然スピードが出なくなり、最寄りのインターチェンジで降りてショップに向かいました。

とらジェベル：タービンが飛ぶなんて、二人とも、乗り方が異常なのでは。

よごれん：いやいや、安い中古車だったので。

――どれも酷道ではないのですね。

多種多様な人たちが集まるから長続きしている

――みなさんの経験、ほんとにすごいですね。

とらジェベル：よごれんさんがおもしろいから、おもしろい人が集まるのでしょう。

よごれん：でも、まとめもしませんよ。

ユウジ：それがいいんです。

カムイ：多様性がある。

よごれん：「TEAM酷道」の「メンバー」といっても、来るものは拒まず、去る者は追わずなんです。「メンバーだから一緒に走れる」とかいうことでもありません。LINEのグループに入っている人もいれば、入っていない人もいますし、いつも一緒にいるのに「メンバーではない」と（自分で）言う人もいます。

ユウジ：新年会に来る人の半分は、酷道にも廃墟にも興味がない人だったり。

よごれん：初めて会うなり、海外の凶悪事件を語り出し、自分もその犯人と同じことをしかねなかったという人がいました。その人は、よく顔を出しているうちに立ち直り、きちんと就職して、もう顔を出さなくなった。

とらジェベル：TEAM酷道が更正、リハビリになった。

よごれん：最年少のメンバーに、ザッパーくんがいます。十数年前、小学生でした。TEAM酷道は、1回会った人、というのを原則としているのですが、どうしてもTEAM酷道に入りたい、と。酷道には自転車で行き、廃墟へは、ご両親には言いづらいからお爺ちゃんと行っていた小学生。まだ一度も会ったことがないそのザッパーくんが、大学生になり、免許を取って、クルマを手に入れたと連絡をくれた。「夢がかなう」と、私の著書『酷道を走る』とともに写真を撮ってSNSにアップしていた。嬉しいじゃないですか。10年越しの対面です。

よごれん、カムイ、いっき各氏

とらジェベル、岩崎各氏

いっき：人の人生を狂わせたのでは……。

とらジェベル：カムイさんが一番狂わされていますよ。「人生が酷道」だもんね。

よごれん：そういう人生に慣れると「落ちたら死ぬ」も「落ちなきゃいい」と解釈するようになります。

いっき：そして「落ちても死なないのではないか」という思考に（笑）

――よごれんさんは、いつも作業着ですね。

よごれん：私は探索のときだけ作業着ですが、船津さんはそれが普段着です。それも、二十歳の頃から。

船津：廃墟で人に出会うと、管理人と間違われて逃げられますね。

よごれん：作業着は、あまりよそ者に見えませんよね。

「TEAM」というからには一緒に走っているの？

――そんな皆さんの活動を聞いていると、それぞれのスタンスで楽しんでいるようですね。

よごれん：実は、一緒に走りに行くということはあまりありません。活動も長いと、仕事で責任が出てきたり、あるいは家庭を持ったりして、趣味活動が少しおとなしくなってきます。なので、時々、遠方から来る人に合わせて「○月○日にどこを走るよ」と案内するだけで。いまもスタンスとしては「来るものは拒まず」です。

ユウジ氏

ソニック氏

船津、がおー各氏

とらジェベル：酷道は改良されることもあるので、走れる酷道が減ってきた感はあります。

よごれん：日帰りで行ける範囲には数本しかないでしょうから、普通は1回走れば十分ですしね。

カムイ：モチベーションがあるとしたら「ここにおもしろそうな道がある」。

よごれん：こうしていろいろな人が集まるから、それが楽しくて皆さん集まるのでしょう。これからも「来るものは拒まず」でいきますよ。

取材：2018年11月4日　岐阜県道91号旧道にて

執筆者プロフィール

TEAM 酷道「よごれん」
著者　鹿取茂雄

1977年生まれ。サイト「TEAM酷道」を主宰する岐阜県在住の会社員。酷道の趣味をきっかけに、廃墟や事件現場にも興味を持つようになった。平日は工業薬品メーカーで研究開発業務に従事し、週末は５人の子供との家族サービスや、趣味で全国を駆け回っている。著書は『酷道を走る』『知られざる日本の秘境』（彩図社）、『レトロピア岐阜』（八画文化会館）など多数。「趣味の道路道」といったトークイベントも定期的に開催している。本書の無記名部分をすべて取材・執筆。

http://teamkokudo.org/

藤原一毅

1980年、秋葉原で生まれる。 乗り鉄、ダイヤ鉄、運行管理鉄を経て、空間認識能力を酷使することに快感を覚えるタイプのオタクに育つ。大学院在学中、酷道をバスで走るために大型二種免許を取得。『頭文字D』の聖地を4tトラックで攻めていたところ、TEAM酷道に誘われ廃墟に堕ちる。本業ではコンピュータを海に沈めたりしている。本書の国道265・388・410・439号を担当。

http://mobitan.org/

若林　繁

1994年、長野県下伊那郡下條村生まれ。幼少期から真空管アンプやレコード、オート三輪などに興味をもち、「時代の最後尾」を担う。2015年によごれん氏と出会って以降、懲りずにエクストリーム日本一周をともにしている。現在、京都府京都市在住。本業は土木工事の現場監督。本書の国道166・170号を担当。

山さ行がねが「ヨッキれん」
平沼義之

道路愛好家、廃道探検家（オブローダー）、トンネル愛好家。1977年生まれ。道路の世界を織りなす縦糸と横糸である法制度と土木技術の両面から、道路上にある様々な「なぜ？」を考究することが生き甲斐。酷道は、道路の不思議が凝縮した存在であり、大好物の一つ。今日も未知なる道を求めて、愛用の自転車で全国を走り回る。

http://yamaiga.com/

「国道を旅する」運営
坂下雅司

大阪府出身。1980年代後半に東北地方でダート国道と出会ったのをきっかけに、登山道国道から快走路まで様々な道路シーンを求めて、全国津々浦々、果ては離島にまで足を延ばして国県道を走り回る。その傍ら、旧型道路標識の探索や道路・風景・町並・集落などを被写体とした写真撮影にも活動範囲を広げ、現在に至る。

http://tabi.road.jp/

協力：TEAM酷道のみなさん、酷道ファンのみなさん

See You Next Pass！

装丁…吉田恵美（mewglass）
本文デザイン・DTP・地図制作…株式会社千秋社
企画編集…磯部祥行（実業之日本社）

酷道大百科 激狭、断崖、未舗装…愛おしい「国道」全53本

2023年１月31日　初版第１刷発行
2024年８月28日　初版第４刷発行

編著者……………………鹿取茂雄
発行者……………………岩野裕一
発行所……………………株式会社実業之日本社
〒107-0062 東京都港区南青山6-6-22
emergence 2
電話（編集）03-6809-0473
（販売）03-6809-0495
https://www.j-n.co.jp/
印刷・製本……………大日本印刷株式会社

ISBN978-4-408-65040-1（第二書籍）